广播电视产业与媒体融合发展研究

张树锋　著

吉林出版集团股份有限公司
全国百佳图书出版单位

图书在版编目（CIP）数据

广播电视产业与媒体融合发展研究 / 张树锋著 . --
长春 : 吉林出版集团股份有限公司 , 2021.11
ISBN 978-7-5731-0811-1

Ⅰ . ①广… Ⅱ . ①张… Ⅲ . ①广播电视—传播媒介—
产业融合—产业发展—研究—中国 Ⅳ . ① G229.2

中国版本图书馆 CIP 数据核字（2021）第 244592 号

广播电视产业与媒体融合发展研究
GUANGBO DIANSHI CHANYE YU MEITI RONGHE FAZHAN YANJIU

著　　者：张树锋
责任编辑：矫黎晗
装帧设计：马静静
出　　版：吉林出版集团股份有限公司
发　　行：吉林出版集团青少年书刊发行有限公司
地　　址：吉林省长春市福祉大路 5788 号
邮政编码：130118
电　　话：0431-81629790
印　　刷　三河市德贤弘印务有限公司
版　　次：2022 年 4 月第 1 版
印　　次：2022 年 4 月第 1 次印刷
开　　本：710mm×1000mm　1/16
印　　张：12.5
字　　数：210 千字
书　　号：ISBN 978-7-5731-0811-1
定　　价：76.00 元

如发现印装质量问题，影响阅读，请与印刷厂联系调换。电话：010-82540188

前　言

广播电视的发明和运用是20世纪人类最伟大的科学技术成就之一，也是信息传播媒介最伟大的变革。今天，广播电视早已深刻地融入人们的社会生活当中，听广播、看电视已经成为最普通的日常生活的一部分。在日积月累的视听活动中，广播电视潜移默化地进入人们生活的各个层面。广播电视在为人们提供大量信息和娱乐节目的同时，以特有的传播魅力和传播效果，影响着受众的感情、知识和道德观念，塑造着人们的文化生活模式乃至深层的心理文化结构，并在人们的心理上建立了一种与主流意识形态保持高度一致的平衡机制，使他们的价值观念不会偏离主流社会所铺设的思想轨道。总之，经过多年的快速发展，广播电视已成为世界各国最为普及、最为便捷的信息工具和文化载体，是人们日常生活中不可缺少的重要组成部分，在维护国家安全、沟通人们思想、丰富文化生活、加速信息传递、推动社会进步等方面发挥着重要作用。

进入21世纪以来，随着经济的发展和科技的进步，世界新一轮科技革命正孕育待发，互联网、大数据、云计算、人工智能等新技术突飞猛进，正深刻地改变着人们的生产生活方式。特别是互联网、手机等新兴媒体的不断崛起，加速了媒体版图和生态的改变，广播电视面临着自诞生以来最严峻的挑战和最难得的发展机遇。作为最便捷、最普及的信息载体，广播电视可以通过新媒体拓展传播空间，提升自身优势，满足人们多样化的精神文化需求，加快信息产业和文化娱乐产业的发展。新媒体在广电行业中的应用之路仍在不断的实践、摸索与前进中。广电行业也在为新媒体的发展进行着实践和探索，并积极地进行新媒体发展战略规划。在此大背景下，作者特撰写了本书。

本书共包括十章内容：第一章对广播电视的基本知识进行了简要阐述；第二章对广播电视的技术原理和社会性质进行了研究；第三章对广播电视节目的编排与生产进行了研究；第四章对广播电视的受众进行了研究；第五章对广播电视的队伍建设进行了探讨；第六章对广播电视产

业的相关知识进行了阐述;第七章对新媒体的基本知识进行了研究;第八章对广播电视产业的数字化变革以及与媒体融合的动因进行了研究;第九章对新时期广播电视与新媒体技术的融合发展进行了研究;第十章对新时期传统广播电视与新媒体融合发展的困境及策略进行了研究。总体来说,本书结构清晰明了,内容丰富翔实,理论明确系统,语言准确通俗,具有全面性、实用性等特点。

　　本书在撰写过程中参阅了许多有关广播电视产业与新媒体融合方面的著作,同时也引用了许多专家和学者的研究成果,在此表示最诚挚的谢意!由于时间仓促,作者水平有限,不当之处在所难免,恳请广大读者在使用中多提宝贵意见,以便本书的修改与完善。

作者

2021 年 8 月

目　　录

第一章　广播电视概述

随着传播声音与影像信息的现代技术的诞生,人们发明了广播电视。广播电视出现之后,很快就以其巨大的传播声势,摧毁了印刷媒介作为大众媒介一统天下的格局,取得了印刷媒介所无可比拟的传播效应。广播电视是 20 世纪人类的伟大发明之一。本章即对广播电视的基本知识进行简要阐述。

第一节　广播电视的内涵

一、广播电视的概念

从纯粹技术和物理性能的角度看,广播电视是通过电磁波传导方式传送声音和图像的电子信息传播媒介,是一种电子通信手段。广播电视是人们凭借电子音像技术有意识地建立的大众传播媒介,并向有需求的观众传送专门制作的声音和图像节目。所以说,广播电视是通过电磁波传导方式向特定范围播送音像节目的大众传播媒介。

广播电视学广义上不仅包括电子技术和设备实际应用的理论,而且是一门涉及面广、比较复杂的学科。它涵盖面广,与社会的很多层面都有联系。广播电视学应该建立在新闻学、传播学的基础上,并应与社会学、哲学、心理学等学科相互融合起来。

二、广播电视的重要性

作为现代社会的一个重要组成部分,广播电视具有重要作用,主要体现在以下几方面。

第一,全世界每天都有数以亿计的人习惯性地打开收音机、电视机,了解发生在各地的新闻事件,获得对自己工作、学习、生活有用的信息……可以说,广播电视是人们不可缺少的密友。

第二,近年来广播电视事业迅猛发展。据统计,全世界能自制节目的广播电台和电视台分别都有上万座,广播转播台和电视转播台均有数万座。广播电视事业已逐步发展成为一个规模庞大的行业部门,拥有数额巨大的资产和人数可观的从业大军。无论是在我国还是在世界其他国家,庞大的广播电视事业部门和与之相关的规模更大的电子工业,不仅是广大民众认识世界、了解世界的重要工具,也是千万人赖以生活、工作的场所,更是国家经济体系中不可缺少的一部分。

第三,广播电视是一种人们接触最为广泛的大众传播媒介,在新闻传播、意识形态宣传、文化娱乐、社会教育、信息服务等领域发挥着巨大的作用。随着时代的发展和社会的进步,在经济全球一体化和世界同步现代化浪潮的推动下,广播电视正以其独特的优势在社会生活中扮演着更加重要的角色,人们与广播电视的关系也更加密切。广播电视事业的发展以及它在整个社会物质文明建设和精神文明建设中产生的影响,与社会经济、文化的发展相互促进,成为社会进步和发展的直接推动力。①

第二节　广播电视的发展历程

下面仅对我国广播电视的发展历程进行简要分析。

一、中华人民共和国成立前的广播业

中华人民共和国成立前的广播业可以分为以下几个阶段(图1-1)。

---

① 段汮霞.新编广播电视概论[M].开封:河南大学出版社,2009.

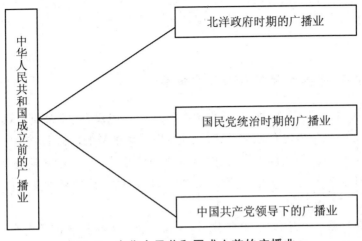

图 1-1　中华人民共和国成立前的广播业

(一)北洋政府时期的广播业

20 世纪 20 年代初,我国境内出现了第一批广播电台,与早期的近代报刊、通讯社一样,是由外国人创办的。1922 年 12 月,美国工程师、商人 E. G. 奥斯邦在上海创办中国无线电公司,并与英文《大陆报》报馆合作,由一位旅日华侨曾某出资,开办了"《大陆报》——中国无线电公司广播电台",1923 年 1 月 23 日晚首次播音。早期外国人在上海开办的电台中影响较大、时间较长的是 1924 年 5 月开始播音的美商开洛电话材料公司所办的电台。开洛公司广播电台与《申报》合作,在报馆安装播音室以报告新闻,播音持续了 4 年之久(1929 年 10 月停播)。

中国人自办的第一座广播电台是由哈尔滨人刘瀚在奉系军阀当局的支持下,于 1926 年 10 月所创办的哈尔滨广播无线电台。广播内容有新闻、音乐、演讲、物价报告等,每天播出 2 小时。次年 5 月 2 日开播的交通部天津广播无线电台是我国第一座政府电台,由北洋政府主办。①

早期国人自办的广播电台除官办以外,在 20 世纪 20 年代后期还出现了民办电台。1927 年 3 月,上海新新公司为推销自造的矿石收音机,开办了一座设备相当简陋的电台,主要播送唱片,并转播游艺场的南方戏曲。这是我国第一家私营广播电台。

---

① 吴玉玲. 广播电视概论[M]. 北京:中国传媒大学出版社,2007.

北洋军阀统治时期的中国广播业,已经形成了基本雏形,共有十来座广播电台。当时没有一个全国性的广播电台,全国大约有收音机一万台。

(二)国民党统治时期的广播业

在国民党统治时期,广播事业有所发展。1932 年 11 月正式使用的国民党中央广播电台,这是当时亚洲发射功率最强的广播电台。国民党中央广播电台从整体上来说,充斥着反动的政治宣传,但在某些节目中却显示出若干进步文化的痕迹,在宣传进步思想、传播科学文化知识方面起到了一定作用。

20 世纪 20 年代末 30 年代初,我国出现了一批民营广播电台,其中半数以上都集中在上海。这些电台大致可分为教育性广播电台、宗教性广播电台和商业性广播电台。从 1928 年国民党建立中央广播电台起,到 1937 年抗战全面爆发,中国广播事业有了较大发展。据 1937 年 6 月统计,国民党地区有官办、民营广播电台 78 座,总发射功率近 123 千瓦。

(三)中国共产党领导下的广播业

1940 年 12 月 30 日,中国共产党领导下的第一座广播电台——延安新华广播电台开始播音,到 1943 年春停播,虽然播音时间不长,却掀开了人民广播史的第一页,奠定了人民广播事业的基础。1949 年 6 月,新华社语言广播部扩建为中央广播事业管理处,成为与报社、新华社并列的党的三大新闻机关。人民广播事业创建于抗日战争的艰苦年代,至 1949 年 9 月中华人民共和国成立前夕已有接近 40 座广播电台。

二、中华人民共和国成立后的广播事业

中华人民共和国成立后的广播事业可以分为以下两个阶段(图 1-2)。

(一)中华人民共和国成立后的对内广播事业

我国人民广播事业对国内的无线广播系统是由中央人民广播电台和各级地方广播电台共同组成的。1949—1956 年是广播事业的大发展

时期,完成了对旧中国遗留下来的 34 座私营广播电台的社会主义改造,在全国各省、自治区、直辖市和一部分省辖市继续建设广播电台,培养了一大批广播技术人才。到 1960 年底,广播电台恢复到 78 座。

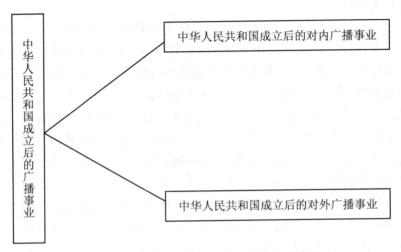

中华人民共和国成立后的广播事业

中华人民共和国成立后的对内广播事业

中华人民共和国成立后的对外广播事业

图 1-2 中华人民共和国成立后的广播事业

1966—1976 年,这段时期的对内广播事业发展不均衡,中央广播有一定发展,地方无线广播陷入停滞状态,有线广播得到较大发展。20 世纪 80 年代以来,我国广播电视积极投入改革运动,从内容到形式都发生了许多可喜的变化,主要表现在以下三个方面。

第一,"新、快、短、活"成为广播新闻报道的重要原则,能够发挥广播特点的自采性录音报道大量增多。

第二,新闻评论节目迅速崛起。1979 年 4 月,中央人民广播电台恢复了广播新闻评论,此后,地方电台和国际电台都相继组建了评论队伍。

第三,广播电视主持人开始以个人身份和个性风格出现于广播节目中,与听众亲切交谈、平等交流。

1983 年,第十一次全国广播电视工作会议在北京召开,确定了"四级办广播,四级办电视,四级混合覆盖"的对内广播网发展方针。广播电台建设在中央、省、地县四级迅速展开,电台数量大幅增加。

1985 年中央电台新办的《午间半小时》《今晚八点半》两个节目带动了一批集新闻性、服务性、知识性于一体的综合板块节目的开播,使电台专题节目焕然一新,一批名牌栏目脱颖而出。

1986 年 12 月 15 日,珠江经济广播电台正式开播,并迅速以广播内容综合化、节目设置板块化、栏目播出直播化、栏目主持固定化、开通社会热线、鼓励社会参与等特点赢得了大量听众。这是我国第一个专业经济广播电台。

1992 年 10 月 28 日,秉承以信息性适应时代、以服务性争取市场、以参与性赢得听众、以明星主持为标志的节目宗旨,上海东方广播电台开始播音。上海东方广播电台大胆进行体制改革,率先施行并行运转的双台体制,引入竞争机制。上海东方广播电台的运作模式在当时成为典范,上海东方广播电台开播后不久即形成一股强大的电台"冲击波",商店里的便携式收音机销售量扶摇直上,一种全新的都市文化现象悄然兴起。在上海东方广播电台的带动下,各地纷纷建立专业台、系列台,形成全国范围的第二次"广播热"。①

从 2000 年开始,伴随着我国汽车时代的来临,北京交通台异军突起,掀起了 21 世纪我国广播发展的新高潮。北京交通台的节目设置以交通新闻和路况信息为龙头,辅以服务性和娱乐欣赏性节目,及时、全面地宣传交通政策、法规。北京交通广播电台在北京交通管理局交通指挥中心大厅设立了直播间,随时在节目中插播重要路况信息、突发事故和处理进展情况,疏导交通。同时电台率先在节目中开通手机短信互动,也可以通过短信问路、修车,甚至找加油站等,为听众提供贴身及娱乐服务。经过多年探索实践,北京交通台打造出许多名牌栏目,如《一路畅通》《欢乐正前方》等,也推出了一批品牌主持人,赢得了广大听众的喜爱。②

2003 年是广电总局确定的"广播发展年"。这一年,全国新增 34 个专业性广播频率,广播覆盖率达 93.56%,广播听众 12 亿,广播广告额达 25.57 亿元。

(二)中华人民共和国成立后的对外广播事业

1950 年 4 月 10 日,中央广播事业局成立国际广播编辑部,同一天用"北京电台"的新呼号开始播音。到 1965 年底,对外广播语言达 27 种,

---

① 黎力.广播电视学[M].上海:上海三联书店,2013.
② 同上。

覆盖面包括亚洲、欧洲、非洲、拉丁美洲、北美洲、大洋洲的大部分地区。1978 年 5 月,中国对外广播机构改名为"中华人民共和国国际广播电台"。到 1984 年底,国际广播电台已经使用 38 种外语、汉语普通话和 4 种方言,共 43 种语言对世界各地广播。之后,国际台又陆续开办了面向在华外国人的英语、法语、日语、西班牙语、德语节目。为加强国际时事的报道,中国国际广播电台还在世界各地建立了 27 个记者站。20 世纪 90 年代中期,中国人民对外广播事业又有了新的发展。1997 年 5 月,采用世界最新数字广播技术的中国国际广播电台新楼正式投入使用,节目传送实现数字化,节目制作也于 1998 年全部实现数字化。此外,国际电台各语种节目也被送上卫星,连同与国外电台开展的互转、租机、传送、寄送节目等合作,我国对外广播基本实现全球覆盖。[①]

第三节　广播电视的基本功能

一、监测功能

广播电视以其特有的技术和专业化的信息处理优势,提供着最新、最活、最快的新闻信息,跟踪热点新闻事件,及时进行深度报道,从而完成对人们生存、发展环境的监测。广播电视新闻对环境的监测功能主要体现在三个方面(图 1-3)。

(一)信息传播

广播电视新闻能够迅速发展的驱动力正是基于信息时代人们对信息需求的急剧增长。广播电视新闻传播信息及时、鲜活、容量大。通过收听收看广播电视的各类节目,人们可以对自己所生存的这个世界从总体上有基本的把握,帮助人们扩大认知领域。

---

① 吴玉玲. 广播电视概论[M]. 北京:中国传媒大学出版社,2007.

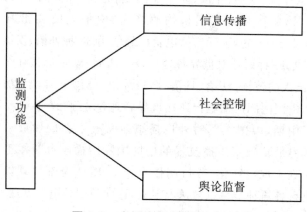

图 1-3　广播电视的监测功能

（二）社会控制

信息流通过程中,大众传播媒介对信息起着"过滤器"和"放大器"的作用。一方面,作为"把关人"的电台、电视台记者、编辑、主持人、制片人等对新闻素材进行筛选、过滤、加工;另一方面,广播电视将大众的意志、意见、要求和呼声汇集起来,可以形成一种集中的、强大的舆论和导向。因此,广播电视的新闻传播是一座信息桥梁,起着沟通协调、社会控制的作用。

（三）舆论监督

广播电视新闻传播中的舆论监督包括人民群众通过广播电视对党和政府的宏观决策及贯彻执行的监督、对政府公职人员行为的监督、对企事业行为以及各种社会行为的监督,推动国家政治生活民主化的进程,倡导社会主义核心价值观,端正社会风气。

二、信息服务功能

信息是人们通过采集、识别、变换、加工、传输、存储、检索和利用等过程获得的。其表现形式有数据、资料、消息、新闻、情报等。每种媒体使用的符号系统不同。有的媒体只能表达一种符号系统,传递一种信号;有的媒体可以表达两种或两种以上的符号系统,传递丰富的信息。广播电视艺术的信息功能,就是广播电视艺术工作者把已知的信息用一种广播电视艺术形式、观众可以理解的形式发送出去。

中国广播电视信息服务功能是社会主义市场经济日益发展和媒体工作者市场经营和受众意识不断增强的结果。随着当代中国社会经济生活的日趋繁荣,受众对信息服务方面的需求也在不断增加,广播电视的信息服务功能正在不断被开发和利用起来。广播电视的信息服务功能具体体现在以下几方面。

(一)提供日常生活信息服务

广播电视在为群众日常生活提供信息服务方面,有着更大的渗透力和更好的效果。广播电视信息服务节目的内容与百姓生活的方方面面息息相关。例如,许多电台开设交通信息节目采用直播方式播报路况信息,以满足司乘人员的需要;广播电视每天播发的气象节目,更是人们出行、旅游所必需。

(二)为专门的经济活动服务

当前,经济信息在人们生产、生活中的作用日益重要。广播电视在传播经济信息、金融信息,推动经济发展上具有明显的优势。

(三)特殊的服务节目形式——广播电视广告

广告是广播电视信息服务功能的重要体现形式。广播电视广告是以直接或间接方式树立商品或企业形象,促进商品销售和服务为目的的有偿宣传活动。它是一种介于生产、流通和消费之间的信息渠道,在促进生产、扩大流通、指导消费、活跃经济、方便人民生活和发展国际贸易等方面起着重要的作用。

三、文化功能

文化是国家和民族的精神基石,是国家和民族自立于世界的身份标志。文化作为国家的软实力,与经济硬实力一起构成了综合国力的两大重要组成部分。广播电视传播为文化建设服务,其涵盖了整个文化门类,包括文学、艺术、教育、科学以及人们的生活方式等。以下仅从广播电视的教育、文艺、科技服务等方面进行简要阐述。

(一)教育服务

广播电视具有先进的技术性、开放的辐射性、系统的网络性和广泛的社会性等特点,是一种先进的教化工具,是实现教育现代化的重要途径。其中广播电视社教节目和广播电视教学节目是直接实现教育任务的两类节目。

1. 广播电视社教节目

从总体上讲,社教节目内容丰富,融思想性、知识性、科学性、艺术性、趣味性于一炉。如央视科教频道的《百家讲坛》,通过通俗的讲解方式向大众普及中华优秀传统文化,激发大众对历史文化的浓厚兴趣。

2. 广播电视教学节目

广播电视教学节目涵盖政治、经济、文化、军事、教育、卫生等方面,其中为适应改革开放和科技现代化而举办的各种讲座,为渴望新知识的受众提供了难得的学习机会和有效的学习环境。广播电视教学节目作为一种行之有效的教育形式,将与广播电视社教节目一起担负起继续教育的重任,成为学校教育之外的第二大教育模式。

(二)科技服务

科学技术是经济发展的发动机,但如果先进的科学技术仅仅掌握在少数人手里,根本无法有效实现其生产力价值。目前,现代科学技术发展日益加快,科技界和广大群众迫切需要交流科技信息,更新科技知识,进行科技知识的普及和推广工作十分重要而紧迫。广播电视作为大众传播工具,一方面应该大力普及科技知识,另一方面要弘扬科学精神,为提高全民族的科学文化素养而不断努力。

(三)文艺服务

广播电视的一大任务是满足人们日常的文艺需求。广播电视的文艺服务包括两个方面。

第一,通过广播电视普及优秀文艺作品,将优秀的文艺作品广为传播。广播方面如小说连播、广播剧,电视方面如电视剧、综艺节目、专题晚会等。广播电视通过自己独特的艺术手段对原有的文艺作品进行再创作,不仅使原作得到再传播,而且给受众以别样的审美享受,进而提高人们的艺术修养。

第二,通过各种不同类型的广播电视栏目、节目满足人们的文化需求,提升大众的文化品位。如以教授京剧和地方戏为宗旨的《跟我学》节目,以普及戏曲艺术、弘扬传统文化为己任,为戏曲爱好者提供学习、体会戏曲神韵和欣赏传统艺术的平台。

四、大众娱乐功能

广播电视艺术形式多样、五光十色,无论是综艺节目还是电视专题片、纪录片、电视剧等,都具有鲜明的大众娱乐功能。

与市场经济伴随的往往是多元并存的大众市民文化,而且以休闲消费文化为特征,娱乐是其本位。当代中国广播电视艺术已然融入大众市民文化的建设。其打破神圣等级、鼓励自我参与、受众与媒体共娱共乐的存在方式,其弃表演而求真实、有程式却生活化以及共时性交流的特点,给广大受众留下了深刻的印象。例如,湖南卫视《快乐大本营》《娱乐无极限》,中央电视台《同一首歌》《艺术人生》等融娱乐、情感、音乐、益智于一体的综艺类节目,是经过仔细包装的以娱乐为本位的大众文化。世俗化、大众化的娱乐文化节目一方面受到大众的广泛欢迎,而另一方面,也受到学院派专家学者的普遍怀疑和对其负面影响的不断批评。它与生俱来的市场文化的趋利性、时尚性,对传统精神文化的冲击和瓦解,对历史已经被赋予的说法和形象的消解和重构,对转型期中国社会的价值观建设发挥了至关重要的作用。因此,广播电视艺术必须以健康向上的精神信仰力量作支撑,才能不负提升大众文化素养的神圣使命。①

广播电视艺术的娱乐功能,不仅表现为丰富多彩的节目样式,也表现为风格迥异、个性鲜明的节目主持人。作为电视文艺传播者,主持人

---

① 张凤铸,施旭升.广播电视艺术学通论[M].北京:中国传媒大学出版社,2011.

利用电视传播的现场感,尽力吸引受众。今天,广播电视文艺节目在中国迅速扩张,受到大众的广泛欢迎,主持人的文化修养显得格外重要。主持人对社会、人生、哲学的感悟和理解,用适当的方式将其有效传递给广大受众,直接关系到广播电视文艺节目的存在价值。有力度、有意味、有品格的电视文艺作品,凝聚着主持人平常对社会生活的观察、体验、分析、思考,是其长期文化积累、文化思考、社会思考的结果和体现。[①]

第四节　中国广播电视与时代环境分析

一、广播电视与政治建设

新闻与政治是近亲,新闻工作既是政治性很强的业务,又是业务性很强的政治。因此,在发展社会主义民主政治、建设社会主义政治文明的过程中,既赋予了广播电视重大的政治责任,也为其提供了巨大的能动空间。

(一)政治环境是广播电视改革发展最重要的环境

第一,党和政府对包括广播电视在内的新闻媒体及其新闻报道工作十分重视。无论是历次党代会、人代会和每年的人大、政协"两会",还是各种全国性重要会议及国家经济社会发展规划等,都对广播电视宣传报道提出明确要求,把广播电视当作党的一种重要执政资源来看待。

第二,党的新闻观、舆论观、媒体观都发生了积极变化,中央明确提出,各级党委和政府要积极支持新闻媒体的新闻报道和舆论监督工作,要实行信息公开,尊重新闻传播规律和新兴媒体发展规律,保证人民群众的知情权、参与权、表达权、监督权。这就从思想观念、政治观念、法制观念上为广播电视的发展和宣传报道提供了十分重要的政治环境。[②]

---

①　张凌彦,高歌.广播电视艺术与新媒体技术发展研究[M].西安:世界图书出版西安有限公司,2018.

②　张振华,张君昌,欧阳宏生.中国广播电视学[M].北京:中国国际广播出版社,2018.

(二)广播电视必须坚持正确的政治导向

广播电视既是上层建筑的一部分,又是促进上层建筑建设,坚持中国特色社会主义道路、贯彻中国特色社会主义理论体系、维护和完善中国特色社会主义制度的能动力量和责任媒体。在建设中国特色社会主义现代化强国的征程中,中国特色社会主义道路是实现途径,中国特色社会主义理论是行动指南,中国特色社会主义制度是根本保障。这三者是党和人民通过长期的奋斗、摸索、积累,创造的实现中华民族伟大复兴的重要成就和宝贵经验。广播电视必须在事关国家发展、命运的根本问题上与中央保持高度一致,并努力通过理论与实践、历史与现实、经验与教训、国内与国外的生动对比解读,使之最大限度地变成全社会的共识和实践,从而使广播电视成为党领导全国人民建设中国特色社会主义道路的有力助手,成为国家发展进步的凝聚性、建设性、推动性力量。

(三)广播电视要成为社会主义政治文明的建设者

广播电视不能仅仅做社会主义政治文明的受益者,还应成为社会主义政治文明的推动者、建设者。具体应做到以下几方面。

1. 主动发布信息,维护社会稳定

坚持信息的公开透明和维护公众知情权是现代民主社会的基本要求。信息公开不仅是政府的职责、人民的权利,而且是防止流言、消除隔阂、化解矛盾、建立互信、维护稳定的必然要求。大众传播媒介对信息及时、充分和准确的传播是社会公众知情权得以实现的重要保障。政府是事关人民群众的公共信息资源的主要掌控者,是信息公开的主体,特别是那些与民众个体的利益具有接近性或相关性的信息,公众尤为关切。因此,政府信息公开如何实现常态化、制度化就成了时代的必然要求。广播电视因其传播的快捷成为各类新闻发布会的最佳传播渠道。通过消息报道、滚动报道、现场直播再辅以对信息的解析和评论,极大地满足了公众的知情权,同时也为中国新闻发言人制度的实施和完善提供了有力的保障。

2. 主动设置议程,搭建互动交流平台

"议程设置"是指大众传播媒介通过对事实的选择、编排,在一段时间内集中突出报道,从而吸引受众的注意力,使之成为公众议论的话题。具体来讲,议程设置理论分为两个主要方面:一是议题从媒介议程向公众议程的传播过程,二是公众在头脑中形成这些议题时媒体所起的作用。具体到广播电视的议程设置,即指广播电视在一段时期内持续、大量地传播某一新闻事件,并将其置于频道的黄金时段或栏目的"头条"播出,由此吸引受众的注意力,形成社会公众关注的"热点"和社会舆论关注的焦点。广播电视是中国社会中最具影响力和公信力的大众传媒,由其所建构的媒介议程,在很大程度上影响着中国公众对社会环境的感知和判断。①

3. 做好舆论监督,辅助政府调查决策

舆论监督是指公民通过传播媒介表达意见、建议,形成舆论,对国家事务和社会公共事务及相关人员的言行进行监督,进而影响公共决策和权力运行的一种舆论表达形式。舆论监督是广播电视的一项重要职能,是广大人民群众的基本权利之一。广播电视媒体是人民实现舆论监督权的重要保障。因此,在某种意义上,广播电视等新闻媒体也是群众监督、舆论监督权的实施主体。在中国,广播电视担负着上情下达和下情上传双重责任。也正因如此,广播电视在舆论引导和舆论监督方面负有重要使命,同时还承担着进行社会调查、反映社会舆论,进而辅助政府民主决策、科学决策的重任。

二、广播电视与经济建设

经济是一个国家的基础与命脉。广播电视必须通过有效传播推动经济发展,并在经济发展中谋求自身的发展。

---

① 张振华,张君昌,欧阳宏生.中国广播电视学[M].北京:中国国际广播出版社,2018.

(一)经济基础是广播电视发展的物质条件

改革开放以来,中国经济保持较快速度的发展,人民生活已基本实现了由温饱到总体小康的历史性跨越。综观中国广播电视事业的发展,不难发现,广播电视的发展与中国经济的发展具有高度一致的同步性。广播电视是高消耗高投入的行业,经济的发展和支撑是广播电视发展的经济基础。市场经济的兴起不仅极大地推动了中国经济的发展,也推动了广播电视事业产业发展升级,改变了过去单纯依赖政府拨款而难有大发展的局面,实行多渠道筹措发展资金,最终形成了多元的经营结构。随着人民生活水平不断提高,文化消费呈快速发展态势。人类不仅拥有物质要求,也有精神需求。作为最基本的日常行为,人类的经济活动不仅创造了物质文明,而且也不断提升了人们对精神文明的追求。我国经济的快速发展不仅使人民群众对视听文化的需求不断提高,也为广播电视不断提高生产力水平创造了条件。

(二)广播电视经济报道促进经济信息的交流

身在市场经济日益发达的现代社会,人们不仅需要在微观上熟悉与经济相关的各种知识信息,也需要在中观上对社会经济现象和经济问题有较为透彻的理解,更需要在宏观上大体感知国家的经济政策以及社会经济的发展趋向,以便更好地应对经济生活各个层面带来的压力和挑战。因此,广播电视需要从宏观、中观、微观三个层面,对经济政策、经济现象和经济信息进行有效的传播、阐释、分析和指导。[①]

1. 在宏观上,广播电视应宣传经济政策,监测经济环境

经济政策指党和政府关于经济工作的方针与运行指导方法的总和,是广播电视经济报道的纲领与灵魂。这就要求广播电视在经济报道中的首要任务是最迅速、最有效地将党和政府制定的重大经济政策、方针传递给社会大众,使之成为人们在经济工作、经济生活中的自觉行动。

在监测经济环境方面,广播电视应对国内各种经济行为、经济过程进行反映和监督,从而推动构建一个健康的经济生态环境。此外,在经

---

① 张振华,张君昌,欧阳宏生.中国广播电视学[M].北京:中国国际广播出版社,2018.

济全球化的背景下,广播电视还应监测国际经济环境与走势,以及中国经济在国际经济中的优势与问题,以利于在国际经济竞争中适应变化,科学决策,趋利避害。

2. 在中观上,广播电视要分析经济、指导经济现象和生活

广播电视为经济建设服务,必须关注、报道、解读与公众利益息息相关的经济问题和经济现象,从而把握经济脉搏、反映市场走向及消费趋势,满足公众的知情权。一方面促进经济建设有序发展,另一方面指导社会经济思潮和经济生活健康运行,引导人们积极而又理性地从事经济活动与消费。

3. 在微观上,广播电视应传播经济知识、传递经济信息

(1)传播经济知识

广播电视对经济知识的传播主要涉及两个方面。

第一,关于从事经济活动的业务知识,如工农业生产知识、商品知识、商务管理知识等。

第二,与经济活动相关的历史知识、法律知识、科技知识、地理知识和其他知识,以及背景介绍等。

无论对哪类知识的传播,广播电视都是通过生动的案例进行形象表达,最终让受众轻松地理解接受。

(2)传递经济信息

经济信息是指经济活动、经济生活领域中能减少或消除人们认识上不确定性状态的消息和知识。广播电视的传播优势使自身对于推动诸多经济信息的传递和交流起到了特殊重要作用。

总之,中国的广播电视不仅仅是经济繁荣的"受益者",同时还是经济发展的"推动者"。广播电视应通过各种经济类节目给人民群众提供切实可行的服务和指导,从而帮助人民群众认知新领域、掌握新信息、了解新政策、把握经济形势和市场机会,满足人民群众的经济信息需求。

三、广播电视与文化建设

当今时代,文化作为国家和民族发展的精神基石,已成为民族凝聚

力和创造力的重要源泉,它不仅是综合国力竞争的重要因素,更是国家和民族自立于世界的身份标志。内容多元的广播电视文化不仅能很好地达到公众雅俗共赏的要求,还能在满足公众基本娱乐需求的基础上,使他们的文化素养得到积极提升,使他们的思想道德得到正确引领,从而提升整个国家的文化竞争力。

(一)中国广播电视与多元文化格局

广播电视作为社会文化的重要组成部分,理应承担为文化建设服务的重任,这是传承中华优秀文化的必然要求,是广大人民群众提高自身文化素质的现实需求,也是跨文化传播交流的现实需要。

自20世纪80年代以来,随着中国社会的改革开放和民主化进程不断进步,中国的文化格局发生了重大变化,形成了主流文化、精英文化和大众文化共生并立的文化格局。正因如此,广播电视应当担负起为文化建设服务的重任,大力传承和弘扬中华民族的优秀传统文化,尤其深入民族传统的内核层面,在广播电视作品中开掘出国人之魂,展现出中华之志,释放出民族之情,最终提升国人的民族自尊心和文化认同感。在大力弘扬中华民族优秀传统文化的同时,广播电视还应当以中国特色、中国风格和中国气派发扬民族伟大精神,表现鲜明的民族特色和地域特色,体现出中华文化的民族身份。

社会文化多元性和受众需求多元性决定了传媒的多元化发展,作为中国文化传承和建构的主体,广播电视通过多种方式作用并影响着整个文化系统。广播电视的普及为整个文化系统营造了一个前所未有的文化氛围,使得电影、戏剧、戏曲等在广播电视文化的压力下去探寻与受众接近的新形式、新方法和新内容。

从文化发展的意义上说,广播电视文化对人们的影响已经远远超过了当今其他任何文化形态,已经成为改造社会的一种全新的文化力量。

(二)传播和引领社会主义先进文化

中华文化是中华民族生生不息、团结奋进的不竭动力,中华民族之所以久经磨难仍能延绵不绝,就在于这种文化的维系和支撑。正是各个时代优秀、先进文化的逐步积累形成了整个中华民族世世代代的生存智慧,最终演化为中华民族得以延续的精神力量。中国梦的最终实现,不仅需要经济的持续发展,更需要文化的全面复兴。具体到中国的广播电视传播活动,就是要弘扬时代精神、民族精神,弘扬爱国主义、集体主义精神,宣扬社会主义思想,提倡有利于改革开放和现代化建设的思想与精神;提倡民族团结、社会进步;提倡诚实守信、人民幸福的思想和精神。通过对先进文化的弘扬,来进一步巩固安定团结的局面,维护改革开放的成果。[①]

四、广播电视与社会建设

(一)广播电视是构建社会秩序的重要力量

广播电视媒体凭借新闻信息的传播来发挥监测社会环境的功能,在为政府和公众提供信息服务的同时,还对社会发展过程中出现的风险与危机进行监测,对政府的行为进行监督。在此基础上,社会的民主法治才得以建立,公平正义才得以维护,安定有序才得以促成,健康发展才得以实现。随着改革的深入和利益的调整,许多社会矛盾由隐性变为显性。与此同时,社会出现了普遍的焦虑症及种种失调心理,如何既能继续保持经济高速发展,又能使社会矛盾得到消解,已成为党和政府面临且急需解决的问题。构建新型社会秩序是一项复杂的系统工程,既要发展社会主义民主,又要落实依法治国方略;既要实现社会公平正义,又要增强社会创造活力;既要处理好社会矛盾、保持社会稳定,又要加强生态建设治理、促进人与自然和谐共处。作为极具公信力和影响力的大众传媒,广播电视责无旁贷地成为凝聚民心、协调民意、动员民力的最为便捷、有力的传播沟通工具。唯有如此,和谐社会的构建才能得到人民群众的认同和支持,并转化为群策群力,最大限度地遏制可能产生的矛盾和危机,促进社会的持续发展;也只有如此,才能助推中华民族伟大复兴的中国梦早日实现。

(二)广播电视是促进社会发展的"推进器"

广播电视是社会环境的守望者,是社会上下之间、左右之间沟通的

---

① 张振华,张君昌,欧阳宏生.中国广播电视学[M].北京:中国国际广播出版社,2018.

重要渠道,具有协调社会各种关系及公众行为,整合公众舆论,使之更加平衡、更加有序、更加和谐的功能。进入21世纪后,广播电视成为践行科学发展观和构建社会主义和谐社会的重要组成部分。建设社会主义和谐社会,必然要畅通诉求渠道、完善社会利益协调和社会纠纷调处机制,媒体承担着重要责任。特别是当前中国正处于社会转型的关键时期,广播电视通过对社会环境的监测、信息的选择、舆论的引导,对不同社会阶层、群体的利益诉求进行协调,从而形成相对统一的认知理念和价值认同,对维护社会稳定、促进社会和谐发展具有重大作用。

(三)推动社会结构优化,促进社会公平正义

公平正义是指社会各方面的利益关系得到妥善协调,人民内部矛盾和其他社会矛盾得到正确处理,社会公平和正义得到切实维护和实现。遗憾的是,改革开放带来的成果并没有公平地惠及所有人,在不同区域、行业、阶层、群体之间很不平衡,而且差距还在增大,导致"强势群体"和"弱势群体"区分日益明显。鉴于此,努力遏制特殊利益集团的发展,关注民生民意,扶助弱势群体,对改革成果予以协调和平衡,从而实现利益分配的公平化、合理化,已成为经济社会改革的必然趋势。中央致力于加快推进以改革民生为重点的社会建设,努力完善社会管理,妥善处理人民内部矛盾,促进社会公平正义,推动建设社会主义和谐社会。长期以来,广播电视利用自身影响力大、公信力高和传播力强等众多优势,在关注民情,改善民生,促进社会公平正义方面表现出相当的作为,发挥出了不可替代的重要作用。全国各大广播电视媒体纷纷推出各具特点的民生类栏目,旨在努力唤起社会的关注,特别是党和政府的重视,使弱势群体的权益得到维护,被忽略的权利得到尊重。这些做法不仅促使了某些问题得以解决,同时还增加了百姓对党和政府的理解和信任,有力地推动了和谐社会的建设。[①]

(四)有效利用广播电视增强社会治理职能

安定有序是社会和谐的重要前提,也是国家发展的重要基础。广播电视对风险事件、危机事件相关信息的及时提供,不仅是对大众知情欲

---

① 张振华,张君昌,欧阳宏生.中国广播电视学[M].北京:中国国际广播出版社,2018.

的满足和知情权的尊重,而且还能提升政府的公信力和诚信度、增进人民对政府的向心力和信赖感。更为重要的是,能遏制流言的产生,减轻甚至消除大众恐慌,维持社会的安定与有序。如果广播电视对重要性信息保持"沉默"或掩盖甚至扭曲,必然为谣言提供滋生空间,进而引起大众的恐慌,最终影响社会的稳定,同时也使政府和广播电视媒体自身形象受损。

五、广播电视与生态文明建设

生态文明是以人与自然,人与人,人与社会和谐共生、良性循环、全面发展、持续繁荣为基本宗旨的文化伦理形态,是人类面对环境的变化及自身的生存与发展必须树立的一种新的文明形态。生态文明关系到整个社会及每个人和每个行业。广播电视作为影响巨大的媒体,在生态文明建设中要从多方面设置议题,加强宣传力度。要从现代生态理论和我国传统文化中固有的"天人合一""主客合一"的生态观、环境观两个方面加强生态伦理、道德、观念的宣传,提高全社会的生态文明观念与意识,推动人们建立一种新的生态观及生产方式和生活方式。要引导好社会生产在生态文明建设中的发展方向,传播社会生活必备的科学知识,倡导必须建立的文明行为。生态文明关系到整个社会、每个人和每个行业的生存与发展,关系到人类的今天与未来,没有一个人、一个行业可以脱离具体的生态环境而独善其身。因此,广播电视应该通过自己的传播,有效推动中国乃至世界的生态文明建设。[①]

---

① 张振华,张君昌,欧阳宏生.中国广播电视学[M].北京:中国国际广播出版社,2018.

第二章　广播电视的技术原理与
社会性质研究

广播电视是凭借电磁波来传送声音和图像的。要对广播电视的功能特点有所认识,首先必须搞清广播电视的技术原理。广播电视的社会性质使广播电视产业在大多数国家都是政府参与和管制较多的行业。尽管各国广播电视规制的具体内容有所不同,但对广播电视产业的规制方式和规制结构是趋向一致的。本章即对广播电视的技术原理与社会性质进行简要研究。

第一节　广播电视的技术原理

一、电磁波的传播原理

要了解电磁波的传播原理,首先要了解声音的传播现象。

声音本质上是一种物体的机械振动。产生声音的振动会随着时间发生周期性的变化。声音的传播就是指这种振动在一定的媒介物质中以波动的形式进行传递。比如,在敲钟时,钟体的振动带动它周围的空气产生振动,这种振动再依次向周围的空间传递。我们通常能够听到的声音,主要是通过空气传播的。由于空气对物体的振动存在一定的阻力,所以声波在空气中的传播会随着传播距离的增大逐渐减弱,直至消失为止。各种各样的声音都能在空气中传播。声波的传播速度一般取决于媒介物质的特性。声波由振幅、波长、频率几个要素构成。声音的强弱由声波的振幅决定:振幅大,声音强;振幅小,声音弱。音调高低主要由振动频率(即声波每秒钟的振动次数)决定:频率高,音调就高,声音尖细;频率低,音调就低,声音粗犷。一般人耳能感受到的声声频率在每秒钟 16～20000 赫兹之间。电磁波同声波的物理性能相似,也由振幅、波长、频率几个主要要素构成。但声波是因物体的机械振动而产生和传递的,电磁波则表现为电磁场的振动变化。电磁波的传播就是电磁场的振动变化引起相邻的空间发生电磁场变化,如此循环往复传向远方。电磁波的传播要比声波的传播复杂得多。电磁波不但可在许多能传播声波的物质中传播,还可透过一些非导电物质进行传播,也可以在真空中传播。电磁波振动变化的频率也比声波频率高得多。正是利用电磁波传播速度快的特点,人们才实现了远距离通信,进而又实现了远距离传送声音和图像的梦想。①

二、有线广播和无线广播的工作原理

(一)有线广播的工作原理

1876 年,美国人贝尔发明了有线电话,可以远距离传送声音。电话发明的关键是声波信号和电信号的转换及电声信号的传送的实现。简单来说,现代有线广播的技术原理和工作方式与电话极其相似。所不同的是,电话是一对一、点对点的信息传递,声音信息的交流是双向的。广播的信息传递则是单向的,即只是由传播者传向收听者。

有线广播的工作原理是传声器把声音转换成声频电信号,经广播机放大处理后,通过广播线路传给众多广播用户,用户的扬声器再把声频电信号转换成声音,供人收听。

(二)无线广播的工作原理

无线广播的工作过程既包括了有线广播技术中的声音信号和声频电信号的相互转换,又包括了无线电传送技术,即高频信号调制和解调、电磁波发射和接收的技术等。无线广播信号的传送是通过自由空间,如天空、大地、海洋等进行的。

无线广播的工作原理是在广播发送的一方,电台的传声器把声音转

---

① 段汴霞.新编广播电视概论[M].开封:河南大学出版社,2009.

换成声频电信号后,先被送入广播机中的混频器,对载频发生器产生的某一固定频率的高频电信号进行调制,被声频调制的高频电信号通过专门的发射天线变成高频电磁波传向四面八方;在众多的接收机方,被接收天线收到的各种频率的电磁波信号被送入高频调谐器,并按照不同的载波频率,选择出应收的电台信号,再经检波器将高频电信号解调,检出声频电信号,然后再通过扬声器还原成声音。①

需要指出的是,上面只是对有线广播和无线广播的工作原理进行了简单的描述,实际的工作过程要复杂得多。

三、高频调制和解调的原理

高频调制和解调技术是广播电视技术发明的核心。

广播电视信号传输所采用的办法是将一固定频率的高频电磁波作为信号的载体,把声音信号和图像信号附在这个信号载体上面传递出去,以供人接收。声音和图像信号,通常分别称为声频信号和视频信号。广播电台、电视台发出的用于传送声频信号和视频信号的固定频率的高频电磁波被称为载波。载波的频率是人为设定的。通常一个广播电台、电视台或它们的某一套节目固定采用一个载波频率,并作为该台或该套节目的信号传送标志。为使高频电磁波能够传送声频信号和视频信号,人们采用混频的方式,在发射高频电磁波前用声频信号和视频信号对高频电信号进行调制,然后再在接收端对所收的高频电信号解调,从而达到通过传送高频电磁波来传送声音和图像信息的目的。

高频调制的原理是通过混频,用要传送的声频(或视频)信号去影响高频载波,使载波的某一参数随声频(或视频)信号的变化而变化,产生一个被调制的即叠加了声频(或视频)信号的高频载波。

高频调制的方式有调相、调幅和调频。使高频载波相位发生变化的称为调相;使高频载波振幅发生变化的称为调幅;使高频载波频率发生变化的称为调频。调幅和调频是目前广播电视采用的主要高频调制方式。

调幅的过程是用声频(或视频)信号控制高频载波的振幅,并使之按

---

① 石屹.广播电视新闻业务[M].北京:北京大学出版社,2014.

照声频（或视频）信号发生变化。调频的过程与调幅相同，所不同的是，声频（或视频）信号控制的是高频载波的频率，这种频率变化的范围在几千赫以内。在接收端，要从众多频率的信号中挑选出要接收的信号，往往采用高频解调技术，使接收电路只容许与发射频率相同的信号通过。这种接收电路可随意调整与发射呼应的频率。高频解调即把声频信号或视频信号从高频载波上"摘取"下来，这项工作是通过检波器（调频广播采用鉴频器）实现的。

四、摄像和显像

被拍摄影像通过摄像机的镜头（光学透镜）投射在摄像管底部的硒板上，通过电子束扫描，记录下图像映射在硒板上的光线的变化。显像时再通过电子束扫描，在荧光屏上还原光线的变化，从而形成图像。另外，现代电子扫描技术的扫描方式是从上到下、从左到有一行一行地进行扫描，每一行都包括数以千计的扫描点，并且摄取图像和显示图像的扫描运动是完全同步的。由于电子扫描比机械扫描快多，电子束比机械孔细小得多，扫描同样一幅图像，电子扫描可以做到行多、点多，因此它产生的图像要比机械扫描清晰得多。同时，由于电子束可以实现精确控制，所以电子扫描也远比机械扫描要稳定。①

黑白电视中，每一个扫描点只有亮或黑两个状态的变化，许多个扫描点组成的图像可以体现出有黑有白，又有从黑到白中间许多不同程度过渡的灰色。不同程度的灰色由局部图像中黑与亮扫描点的不同比例组成。虽然黑、白、灰色已能显示出图像了，但仅仅靠黑与亮的变化很难反映出大千世界纷繁的色彩。科学家们研究得知，所有的色彩都是由红、绿、蓝三种颜色混合变化而成的，根据这个色彩原理，人们研制出了彩色电视。彩色电视的原理是在摄像时，摄像管中有三个电子束同时扫描投射有光图像的硒板，每个电子束分别记录每一个扫描点色彩红、绿、蓝中的一个基色信号，三个基色信号按一定的编码方式被分别传送到接收端；在显像管的荧光屏上，每一个扫描点都并列排着三个小的扫描点，每个小扫描点负责显示一种基色信号；传送来的视频信号中，三个相独

---

① 刘爱清，王锋. 广播电视概论 修订版[M]. 北京：中国广播电视出版社，2008.

立的基色信号分别通过三个电子束扫描相对应的扫描点,每三个小扫描点为一组大扫描点,混合显示出原来图像具有的色彩。由于电视原理比广播原理复杂得多,电视技术系统的构造也要复杂得多。电视信号的传送也是采用高频调制和解调的方式进行的,通过电磁波辐射播送、接收的途径也与广播信号相同。电视是既有图像又有声音的,电视同时采用两种高频调制方式,视频信号是调幅,声频信号是调频。①

五、天线和电磁波的传播特性

天线是广播电视发射和接收设施中不可缺少的重要组成部分。一般来说,天线长度是波长的一半时,天线发射和接收电磁波信号的效率最高。载波频率越高,所需的天线就越短。根据无线电学的基本原理,电磁波的传播路径必须形成一个完整的闭合回路。人们通常认为,无线广播和电视的信号传输是通过"天空"这一自由空间进行的,并没有闭合回路。实际上,这个传播的闭合回路是存在的,它是由天空和大地组成的。目前,我国使用较为普遍的有线广播,传送的是声频信号,实际上也是电磁波传输的一种。在整个有线广播系统中,信号传输导线和大地组成了一个传播的闭合回路。一些较为先进的有线广播系统,以高频载波附载声频信号。有线电视与有线广播则稍有不同,它以屏蔽电缆外面的金属层代替象征性的大地,与里面相互绝缘的芯线构成传播的闭合回路。相对闭合回路的组成而言,人们习惯性地把广播和电视的无线传输称为"开路",而把有线传输的称为"闭路",这就是人们把有线电视称为"闭路电视"的由来。②

无线电磁波波长和传播范围的对应关系就复杂多了。

中波广播主要依靠地波传播,发射功率越大,传得越远,传播也越稳定。但由于受地面环境条件影响,中波在传播过程中衰减比较大,传播距离有很大限制。短波广播主要靠天空中的电离层反射进行传播。和中波相比,较小的短波发射功率就可以传播很远的距离。但短波广播有一个很大的缺点,即由于电离层每时每刻都在发生变化,这种传播极容易受到天气变化甚至太阳黑子的影响。调频广播和电视属于超短波,其

① 刘爱清,王锋. 广播电视概论 修订版[M]. 北京:中国广播电视出版社,2008.
② 段汴霞. 新编广播电视概论[M]. 开封:河南大学出版社,2009.

通常在可视距离以内的范围进行直线传播。为扩大调频广播和电视的传播范围，人们通过尽量加高发射天线，克服弧形地面对传送距离的限制。但增高天线毕竟是有限的，为此人们就改用其他方法来解决远距离传送问题。[①]

一种是通过微波接力方式，即在地面上每隔50千米左右建设一个微波中继站，广播电视信号通过这个微波线路接力传送，从而达到传送到远方的目的。

另一种是借助人造地球同步卫星，以实现大范围覆盖。地球同步卫星高悬在地球赤道上空约3.6万千米的同步轨道上，可以毫无阻挡地在地球与卫星之间进行直线性的电磁波传播。因此，由地面上发送的广播电视信号，通过卫星上的转发器再发回地面上，就可以传播到很大的范围。

无线电广播电视的有效服务范围是以无线电磁波的覆盖面积来表示的。如果某一广播电台或电视台发射的电磁波到达的地区，其信号强度在规定的标准以上，并且有一定的抗外来信号干扰能力，在这个地区人们就可用普通接收机较满意地收听、收看广播电视节目，这个地区就被称为覆盖区。可以用这一区域内可满意接收信号的绝对人口数和统计总人口数的百分比表示覆盖率，这就叫人口覆盖率。这一覆盖区域的面积和统计总面积的百分比为面积覆盖率。[②]

第二节　广播电视的社会性质

广播电视的社会性质表现为意识形态性、公共性和商业性三个方面（图2-1）。

一、意识形态性

意识形态特指人的内心世界中与感觉经验无关的抽象观念。在马

---

① 段汴霞.新编广播电视概论[M].开封:河南大学出版社,2009.
② 刘爱清,王锋.广播电视概论 修订版[M].北京:中国广播电视出版社,2008.

克思主义的解释中,意识形态是在一定的经济基础上形成的对于世界和社会的系统的看法和见解,是观念的上层建筑,它包括法律、政治、艺术、宗教、哲学等意识形态的形式。

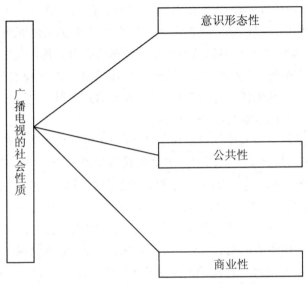

图 2-1　广播电视的社会性质

　　广播电视不仅是强大的意识形态国家机器,当政治斗争处于尖锐而激烈的历史条件下,广播电视还被赋予作为政治军事斗争的舆论工具和思想武器的重任。

(一)广播电视作为意识形态国家机器

　　广播电视的意识形态性在由政府控制的广播电视媒体中有着明显的表现。例如,20 世纪 20 年代,当苏联开始进行广播研制时,列宁深刻认识到广播在意识形态宣传方面的重要作用。列宁认为用广播"进行宣传和鼓动",将给革命事业"带来巨大好处"。1920 年 11 月 7 日,苏联广播正式诞生时,苏联的广播电台被命名为"共产国际广播电台"。以后,苏联的广播电视忠实地为社会主义意识形态服务,围绕党的方针政策进行宣传。在我国,广播电视作为党和国家的宣传工具的性质始终没有改变,我国广播电视的主要任务就是要宣传党和国家的方针政策,直接或间接反映党和国家的政治立场、政治主张和政治观点,通过意识形态的宣传影响,对人民进行引导和教育。[①]

(二)广播电视作为对外意识形态宣传和国际政治斗争的工具

广播电视的意识形态本质在国际政治宣传和斗争方面也有着突出的表现。例如,冷战期间,在社会主义阵营和资本主义阵营国家的斗争中,国际广播成为宣传本国政治和意识形态的有力工具。其中美国最主要的国际广播电台"美国之音"通过大量播送蕴含西方观点的新闻、音乐、文化、科技和生活等各种节目,宣传西方的意识形态、价值观念等,从而对社会主义国家推行和平演变策略。

随着国际卫星电视技术的兴起,国际卫星电视成为国际传播的重要角色,各国都加大了对本国国际卫星电视的建设。1984 年,美国新闻署创办了世界上第一家官方国际电视台"世界电视网",任务和宗旨与"美国之音"相同。1990 年,世界电视网与"美国之音"合并为一个机构,由美国广播管理委员会统一管辖。其他著名的官方或公营的国际卫星电视台还有英国世界电视台、法兰西国际电视、德国之声电视台和日本广播协会世界电视台。我国的国际频道 CCTV-4 也于 1992 年 10 月正式面向海外播出,与中国国际广播电台一起担负起对外宣传的任务。[②]

二、公共性

(一)广播电视作为社会公共事业的起源

早期的广播电视节目都是通过无线电波进行信号传送的。无线电波具有不会损耗、不易破坏、无须特别维护即可使用的特性。但是,无线电波频率的覆盖范围是特定的,而且电波之间有相互干扰的现象,因此,就其利用程度来讲,又是有限的。无线电频道资源的有限性,使得广播电视在诞生之后,在欧洲大多数国家被视为与水、气、电、铁路和邮政一样具有公共性和稀缺性的公共资源,把广播电视媒介纳入公共服务的国家垄断体系,由国家统一分配使用。

---

① 吴玉玲. 广播电视概论[M]. 北京:中国传媒大学出版社,2007.
② 同上。

　　德国最高法院在阐述"广播电视自由"这一法律时提出，广播电视已经变为大众传播最有力的方式之一，又由于它涉及广泛的效果和各种可能性，同时也存在误导和片面宣传的危险，因而不能放任市场的力量对它自由使用。

　　欧洲作为公共电视的发源地，其主流思想认为，政府垄断广播电视能够更好地保证电视服务的质量和信息的多样性。

（二）广播电视的公共服务性

　　广播电视的公共服务性，在公营广播电视媒介中有着充分的表现。公共广播电视不以营利为目的，而是把发展社会政治文化、保障公众利益作为根本。公共广播电视由一个代表公众利益的独立机构负责经营和管理。在经济上，公共广播电视既不依附于政府，也独立于财团，因而在政治上一般不为政府和其他利益集团所左右，具有较大的权利和自主性。公共广播电视以公平、公正、平衡为原则，并以一种特别的社会责任感满足不同群体，尤其是弱势群体的需要，让弱势声音与主流社会对话。在内容上，公共广播电视为了提高公众的教育水平，不以收视率作为衡量节目质量的标准，而是提供尽可能丰富的、反映多民族利益的节目，节目不仅格调高雅、制作精良，而且负有崇高的文化使命，体现了民族语言和美学精神。

（三）BBC——公共广播电视的典范

　　20 世纪 80 年代以前，在欧洲和日韩等国家，公共广播电视一直占据绝对主导地位。其中以英国广播公司（The British Broadcasting Corporation，简称 BBC）最为典型。BBC 是在旧 BBC 即私营英国广播公司的基础上，于 1926 年建立起来的。根据皇家特许状，BBC 是特许经营广播电视的公共服务机构，董事会是最高领导机构，其经济来源以公共视听费为主，以国家财政补贴与社会资助为辅。BBC 的管理模式是通过一定的制度设计，使之在非商业动力、民主政治和中立自主的基础上，本着对社会负责的精神，建立为公共利益服务的立场，从而促进言论的自由传播和文化的多元发展。

　　作为公共广播电视机构，BBC 以民族文化传承和精英文化的传播为己任，注重对大众的文化情操的陶冶。在英国广播电视体制发生变化之前,BBC俨然是一个巨大的文化帝国。1980年,BBC的全职音乐家有500名。1987年,它有3万名职工、数不清的自由撰稿人,每年签约的艺术家有5万人,有数百名著名剧作家为它撰写剧本,它在制作高质量的节目方面可以说是世界无匹。BBC制作出大量公众普遍认可的相对客观独立的报道和高质量的信息产品。①

基于一种全球性、负责任的媒体的自我认识,BBC始终保持一种比较超脱的姿态,其战争报道也大都采用中立的立场,甚至与政府唱对台戏,成为战争报道中相对客观的媒体之一。1982年的马岛战争中,BBC由于严守中立,在报道时使用的是"英国军队",而不是"我们的军队",被当时的撒切尔政府指责偏袒战争对手阿根廷。在2003年的伊拉克战争报道中,BBC没有单一地聚焦于美英军队的推进,而是将战争中敌对双方的画面都客观呈现在电视观众面前,并播出了大量平民伤亡的画面。总之,BBC以其相对客观、公正的报道原则,经过数十年不懈的努力,成为世界广播公共电视的"典范",形成了BBC独有的公信力,并在世界范围内享有盛誉。②

三、商业性

(一)广播电视的商业化浪潮

20世纪80年代以前,公共广播电视在许多国家一直占据着主导地位。但是,从20世纪80年代开始,欧美国家的广播电视业掀起了宏大的商业化浪潮。在这股浪潮中,各国纷纷"变法",除南北美洲(受美国广播电视体制的影响)商业性电视早已呈压倒性优势外,原来执行单一公营体制或国营体制的西欧国家相继允许成立私营的广播电视台网,或把原来的国营台改造成私营台,进行商业化运作,商业性质的广播电视在全球蔓延开来。

20世纪80年代末90年代初,苏联和东欧国家的社会巨变,使其广播电视性质也随之改变。1991年12月,苏联解体,俄罗斯总统叶利钦

---

① 朱清河.新闻传播学文库 大众传媒公共性研究[M].北京:中国人民大学出版社,2017.
② 吴玉玲.广播电视概论[M].北京:中国传媒大学出版社,2007.

发布命令,成立俄罗斯国家电视和广播公司。1993 年,俄罗斯第一座私营电视台"独立广播电视公司"的"第六电视台"成立,到 1995 年初,俄罗斯已经开办了 500 多座私营电台和电视台。与此同时,东欧国家中罗马尼亚和波兰等国的广播电视也朝着私有化的方向发展。

在亚洲,1984 年 6 月,马来西亚开办了第一座私营电视台;1989 年,印度尼西亚和巴基斯坦的私营电视台网相继获准开办;1992 年,泰国政府制定《广播法》,准予设立独立于官方和军方的民间电视台;1993 年和 1994 年,以色列和印度先后允许开办商业电视台;1996 年 11 月,阿拉伯国家的第一个私营电视台"吉齐拉"卫星电视台在卡塔尔开办……

英国、日本和韩国作为较早开办商业广播电视的国家,在 20 世纪 80 年代的商业化浪潮中重新修订了广播法,赋予商业电视与公共电视以同等法律地位,并把竞争机制引入原来处于垄断状态的商营领域。而作为商业广播电视的最早实践者,美国在这场风潮中,则以进一步放松管制、加速开放为手段,清理了广播电视业大规模兼并和跨行业发展的障碍,以飞速的产业发展速度和雄厚的产业实力继续保持着在世界广播电视业的领先地位。

除了广播电视业的私有化,广播电视的商业化浪潮还推动了国营和公营广播电视机构的商业化运作。在国营和公营广播电视的财政收入中,国家拨款或收视费的比重相对下降,而广告费和其他商业性收入显著增加。

(二)广播电视商业化变革的原因

导致广播电视商业化变革的原因是多方面的,概括来说主要包括以下几种。

1. 新技术的推动和来自工商界的压力

20 世纪 80 年代开始广泛运用的卫星电视和有线电视技术使原来公共广播电视赖以存在的基于无线电频谱资源的"稀有性"理由不复存在。数十倍扩展的频率和频道资源,给广播电视带来了极大的商业潜力。在广告市场居于被动局面的广告商们,也提出开放广播电视业的要求,以为他们的广告宣传增加新的投放途径。为此,他们组成强大的院外活动势力,不断对政府和议会施压,要求放开对广播电视行业的限制。

在意大利,从 20 世纪 70 年代中期以后,一些地方性的非法商业电台甚至已开始公然挑战公营意大利国营电视台的垄断地位。在葡萄牙,上百家非法私营电台在 20 世纪 80 年代初陆续出现。来自工商界大工业公司的巨大压力以及一些国家私营电台的事实存在,使本已有意改革的欧美国家政府更增添了推动广播电视变革的动力,适时出现的新技术则为广播电视的私有化和市场化起到了推波助澜的作用。①

2. 国营、公共广播电视的经费困扰和受众的多元化需求

随着广播电视机构运营成本的不断提高,有限的视听费和国家财政拨款已无法保证公共或国营广播电视机构的正常运转。从 1988 年 4 月开始,英国电视收视费与消费价格指数联动,电视收视费随物价指数自然增长或浮动。但是物价指数上升的程度却远远低于广播电视部门开支的增长速度。经费问题使得政府的财政不堪重负,而将其推向市场,允许和鼓励国营或公共广播提高其商业收入,便成为各国政府的必然选择。而国营广播电视台过多重视官方宣传,忽视平民百姓的生活体验和关注点也使得节目非常沉闷。随着社会经济水平的不断提高,受众对各种精神和文化产品的需求不断增加,过分说教的国营公共广播电视节目已不能满足受众的多元化需求,从而也引发了社会各界对商业电视的呼唤。

3. 资本主义自由市场竞争浪潮的冲击与政府的有意倡导

20 世纪 70 年代初开始,以英国为代表的西方发达资本主义国家出现了低增长率、高失业率、通货膨胀和福利危机等诸多问题,增长乏力和"滞胀"现象使新自由主义经济思潮逐渐抬头,并占据了西方经济学的主流地位。新自由主义经济思潮强调的经济自由、政治自由,以及在此基础上出现的个人活力的解放是资本主义私人企业制度和自由市场经济制度的基础。新自由主义经济学派认为,在一个竞争的自由市场经济制度中,市场价格机制所具有的自动平衡体系既可以实现人力资源的合理配置,也是一个最经济的信息载体和处理器,引导人们把利己的动机转变成社会的整体功能,以保证经济的高效率和社会福利的最大化。②

---

① 吴玉玲.广播电视概论[M].北京:中国传媒大学出版社,2007.
② 吴玉玲.广播电视概论[M].北京:中国传媒大学出版社,2007.

在此背景下,西方国家一方面减少福利政策,减轻政府越来越重的财政负担,一方面放松政府管制,扩大私有制经营范围,鼓励市场竞争,并有计划、有步骤地推行国有企业的私有化。强大的私有化浪潮波及各行各业,在英国,国家石油公司、钢铁公司、电信公司、天然气公司和电力公司等被认为是国民经济的命脉和具有所谓天然垄断性质的行业先后被私有化,而作为福利社会政策产物的国营和公共广播电视事业及相应的管理体系,自然也成为新自由派的改革对象。

4. 国际政治经济形势的变化与广电产业发展的需要

冷战结束后,国际关系进入新的发展时期。冷战期间国际紧张的政治氛围变得缓和,国家间的关系由对抗转为对话,由冲突转向和解。国家间的意识形态之争,逐渐让位于经济和科技实力的竞争,由国家主导的广播电视的冷战工具的宣传功能逐渐淡化,各国不仅逐渐放宽了对广播电视的控制,还更加认识到,随着信息技术的发展,包括广播电视在内的信息产业已成为潜力巨大的新兴产业,而放松对广播电视产业的管制,通过开放竞争培养广播电视业实力,对广播电视产业乃至国家经济的发展具有十分重要的意义。

第三章 广播电视节目的编排与生产研究

我们经常可以看到广播电视媒体隔一段时间就要进行"改版",对栏目/频道内部进行调整,这种现象指的就是节目的编排工作。节目是广播电视播出的基础单位,节目本身具有完整的结构和内容。节目的编排是一门艺术,同样数量的节目,采用不同的编排策略,会产生完全不同的播出效果。本章即对广播电视节目的编排与生产进行研究。

第一节 广播电视节目的类型

广播电视节目的类型有很多,概括来说主要有以下几种(图 3-1):

一、新闻性节目

新闻性节目是以传播新闻、报道和评论社会真人真事为主要内容的广播电视节目的总称。

(一)广播电视新闻性节目的特点

与其他节目和其他新闻传播媒介(如报纸)相比,广播电视新闻性节目的特点主要包括以下几方面:

1. 用客观事实说话

真实是新闻的生命力所在,新闻真实首先是事实的真实。新闻性节目客观、真实地描述事实的本来面貌,用客观事实说话,就是"根据事实来描写事实",这是由新闻本身的属性决定的。

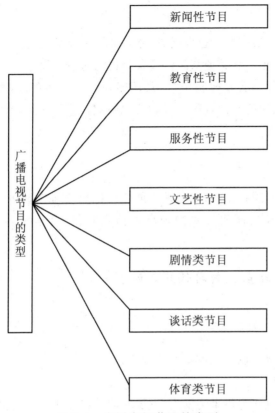

图 3-1　广播电视节目的类型

2. 具有强烈的时代感

新闻性节目的内容是极其广泛的。它的报道对象包括天文地理、社会人生、政治经济、科学文化、思想言行等各个方面。它所报道、反映的新闻信息也是为社会生活的各个方面服务的。它报道的内容常常反映现实社会的最新变化,把握着社会发展的脉搏,具有强烈的时代感。

3. 传真性强

广播新闻能够真实地传播新闻事实发生的现场音响,电视新闻则声画并茂,将现场景象生动真实地展现给观众,使观众有身临其境之感。这种极强的传真性,不但能给受众留下深刻的印象,而且能够极大地调动受众的参与意识。

4. 时效性最强

随着电子科技的飞速发展,广播电视拥有了最现代化的信息采集和传播手段,这是它和其他新闻传播媒介相比的最大优势。它不但能够对发生过的新闻事实及时报道,而且还能在新闻发生的同时进行同步报道,与广播电视的其他各种节目相比,新闻性节目的显著特点之一是有时效性的要求。

5. 信息容量大

与报纸新闻相比,广播电视新闻既可以反复多次播报,也可以在每次播报的单位时间里尽可能地增加信息容量,其信息容量比报纸大得多。

(二)广播电视新闻性节目的分类

1. 广播新闻报道节目

大体上分为以下五种新闻体裁(图 3-2)。

(1)消息

消息以直接提供事物发生、发展的信息和反映事物变化的面貌为内容。消息是实现国内外要闻总汇的主要渠道,具有时效性强、篇幅短小、报道面广、信息量大等特点。消息报道的时间根据需要可长可短,但要求以短为主,并且在内容明了的基础上越短越好。

(2)通讯

通讯以对新闻事物和新闻人物进行细致性和深度性报道为内容。广播通讯一般包括事物通讯、人物通讯、概貌通讯、工作通讯、新闻特写、专访、录音报道、调查报告等。通讯侧重对事件发生、发展的过程和人物特征进行较为详尽、细致的描述和刻画,或对新闻事实的缘由、结果、意义等作深入探讨。

(3)新闻评论

新闻评论不着重报道新闻事实,而是围绕新闻事实发表议论和见解,从而阐明报道者的观点。新闻评论可以是对一个时期、一个地区性的问题进行的概评、概论,也可以是对某一特定事件、人物进行的一评一论。新闻评论的篇幅可长可短。新闻评论的发出者可以是评论者个人，也可以是评论集体，还可以是广播电视机构。新闻评论一般包括社论、社评、时事评论、述评、编后话、评论性专题等。其中，社论、社评是代表编辑部发表见解的；述评和评论性专题通常含有报道描述新闻事实的内容，述和评相结合，夹叙夹议，以事实为议论的基础，以议论作为叙述事实的主线和核心。

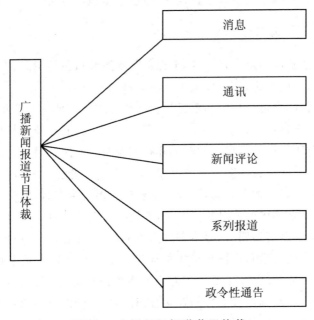

图 3-2　广播新闻报道节目体裁

（4）系列报道

系列报道以多次报道构成一个完整报道为特征。其又包括以下两种。

①并列性报道

并列性报道围绕一个主题对相关的多种事物分别进行报道，然后将多次的个别报道有机地联系在一起组成一个节目单元。

②连续性报道

连续性报道对一个新闻事实的发生、发展的全过程或对该事实的各个侧面进行跟踪式报道，然后将多次个别报道组成一个完整报道。

每次报道的具体题目、报道风格可以不求一致，甚至体裁运用也可以是多种多样的,即一个系列报道可以包括消息、通讯,甚至可以包括新闻评论等形式。

(5)政令性通告

这种节目作为新闻性节目是社会主义广播电视所特有的,是由广播电视作为党和政府"喉舌"的性质和职能决定的。广播电视将完整地播发政府的政令、法规等内容作为一个独特的节目品种经常予以采用,目的在于使党和国家的声音迅速及时、原原本本地传达给每一个群众。

2. 电视新闻报道节目

与广播新闻报道节目一样,电视新闻报道节目包括消息、专题报道、系列报道、新闻评论、政令性通告五种节目。

电视新闻报道节目中的消息包括两种方式。一种是口播新闻,在口播新闻中,常常可以在电视屏幕上播发文字、图表、照片及资料性活动图像等,这对所传播的信息起到辅助和补充说明的作用。另一种是图像新闻,其传达新闻信息的基本方式是活动图像和口述语言相结合,或者是以图像为主、以口述语言为辅,或者是以口述语言为主、以图像为辅。

与广播新闻中的消息相同的是,电视新闻中的消息一般也要求要素齐全,新闻信息简洁明了,报道方式为节奏快,直接叙述,篇幅短小等。

电视专题报道和广播报道中的通讯类似。专题报道是电视新闻宣传中的常用体裁之一,主要用于对新闻事实进行详尽、深入的报道。因为电视新闻和新闻纪录电影的发展有渊源关系,所以电视专题报道常常借鉴新闻纪录电影的制作方法和技巧。通常,新闻纪录电影也可在电视中作为专题报道播放。

电视系列报道和广播系列报道的功能、作用、特点都是相同的。在我国,电视系列报道和广播系列报道主要是从 20 世纪 80 年代以来才得到发展的。

电视新闻评论也是 20 世纪 80 年代以后才出现的,发展得也很不充分,但已显示出其旺盛的生命力。电视新闻评论与广播新闻评论的功能、作用、特点也是相同的。但值得指出的是,在各种评论性节目中,为真正体现电视特点,经常大量采用述评和评论性专题。这两种形式可以运用大量图像资料及现场报道,述和评相结合,使观众既能了解事实的来龙去脉,又能体会到对该事件的分析与评论。这两种形式很受观众欢迎,其传播效果也很显著。

3. 广播电视新闻节目栏目

在现代广播电视事业中,栏目化是节目播出方式的主要特征。栏目化是广播电视节目编排、播出的一种方法,即将若干个反映同一内容或同一类型的节目编排、组合在一起,形成一个独立的节目单元,或归为一个栏目,使这个栏目有一个固定的名称、标志、时间长度等,并固定安排在某个时间播放。

广播电视新闻节目栏目从内容上可分为综合性、杂志性和专一性三种。

大多数新闻节目栏目都是综合性的,这种新闻栏目由于其内容的丰富性而决定了其受众群体的广泛性和多层次性,一般是广播电台、电视台的重点新闻节目。

杂志性栏目是多种题材、内容的组合,一般由专门的主持人主持。它在内容上"杂"而不乱,长短结合,中心突出;在形式上为板块结构,综合变化,灵活多样。

专一性栏目是按社会行业、社会生活方面或地域划分来编排新闻内容的,如工业新闻、农业简讯、科技动态、经济要闻、体育新闻、港台新闻、国际新闻等,适应了非群体化传播时代的需要。这类新闻可以深化行业报道或突出对某地区的报道,满足社会公众的特殊需求。

广播电视新闻节目栏目一般都采用固定时间播出的方式。在播出时间安排上,通常采用三种原则方法。

第一种是占据"黄金"时间。早晨6点至8点和晚间7点至9点这两个时间段是一天中绝大多数听众最便于收听广播的"黄金"时间,晚上7点至10点是电视观众收看电视节目的"黄金"时间,所以大多数广播电台、电视台都在上述这两个"黄金"时间段中安排重点新闻栏目。

第二种是整点播新闻,即在每个小时的整点时刻安排新闻栏目。

第三种是插空补"白",即利用一切栏目空隙安排几分钟的短新闻、要闻等。

新闻性节目一般按计划的栏目播出,但遇到突发性重大新闻时,便可能打乱正常的节目时间安排,临时插播新闻节目。这种现象在宣传中是常见的,也是广播电视利用其自身优势适应现代社会发展的具体表现。

二、教育性节目

(一)广播电视教育性节目的分类

目前,我国广播电视教育性节目一般分为教学节目和社会教育节目两类(图 3-3)。

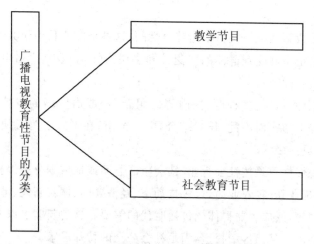

图 3-3　广播电视教育性节目的分类

1. 教学节目

教学节目如同学校授课,系统地传授科学文化知识。这类节目通常包括以下两种教学内容。

(1)综合性的学历教学

综合性的学历教学如中央广播电视大学,它包含各种专业课程,与全日制学校类似,按国家规定的教学大纲安排教学计划,通过广播电视进行开放式授课,学生来源既有应届高中毕业生,又有在职职工或其他社会人员,国家承认其具有与全日制学校相同的学力。

(2)应用教学

应用教学如"中央农业广播学校"、电子技术讲座、计算机应用讲座等,类似职业教育,主要是为就业培训和知识更新服务的。

2. 社会教育节目

社会教育节目的内容、形式等比教学节目要复杂得多。根据节目内容的不同,社会教育节目通常分为理论节目、知识节目、特定对象节目等。

(1)理论节目

理论节目侧重于对群众进行思想教育,通过通俗系统地讲解马列主义的基本原理,从理论上阐述党的方针、路线、政策,分析社会上带普遍性的思想倾向问题,同时也阐述一些社会科学理论问题,普及社会科学知识。

(2)知识节目

知识节目侧重于通过趣味性的节目向群众传授各种领域的科学文化知识。由于内容丰富,它逐步形成了名目繁多的节目和栏目。与理论节目不同的是,电视由于其声像俱佳的优势,其知识节目通常办得比广播的知识节目更为生动活泼。

(3)特定对象节目

特定对象节目是依社会行业、职业、年龄或地域、经济形态等因素来划分的一种社会教育节目,如"农民节目""少儿节目"等。特定对象节目的针对性较强,因此其传播效果相对显著。

(二)广播电视教育性节目的特征

1. 广播电视教学节目的特征

利用广播电视开展社会教学,就是借助广播电视这种现代化大众传播媒介所具有的各种优势来弥补课堂教学和学校教育的不足。概括来说,广播电视教学节目的特征主要包括以下几方面:

(1)教学师资的权威性

在学校教育中,出类拔萃的教师毕竟是少数,因此只有少量的学生能够听到著名专家、教师的教学内容。广播电视教学节目则可以聘请这为数不多的"名师"来讲课,使更多的学生受益。这不但可以提高教学质量,而且也可以通过比较和竞争提高教师的业务水平。

（2）教学对象的广泛性

一个教师讲课，可以有成千上万的人听讲。学习的人只要有收音机、电视机等接收工具，不管是在室内还是室外，也不管是在家里还是在办公室或是在旅途中，都可以听课。这种开放式的教育，为更多、更好地培养适合社会主义发展需要的知识型人才发挥了巨大作用。

（3）教学内容的多样性

广播电视教学节目可以根据观众的多种要求，安排多种多样的教学内容。比如，为培训行业专门人才，开办广播电视专科教学节目；为培养多种语言人才，开办多语种外语教学节目；为满足观众生产、生活、艺术享受等需求，开办广播电视应用教学节目，如各种技术培训、知识讲座等。

（4）教育结构的多层次性

学校教育由于受客观条件的限制，每所学校一般只能选择一个层次来进行教学，不可能既开办小学课程，又开办中学和大学课程。广播电视教学则可以突破这个限制，能够满足观众接受多层次教育的需要。一个广播电台或电视台，可以在某一频率或频道的不同时间里，分别播出适合中学生和大学生收听的教学节目；也可以在相同时间里，使用不同的频率或频道，播出不同的教学节目，以满足不同层次听众、观众听课的需要。

2. 社会教育节目的特征

社会教育节目的特征主要包括以下几方面：

（1）教育规律与广播电视传播规律的统一

广播电视的社会教育节目作为教育的一个组成部分，理所当然要遵循教育的一般规律。制作节目既要注意节目内容上的思想性、科学性和系统性，也要注意教育方法上的循序渐进、启发诱导、理论与实际相结合等。但同时这类节目又是广播电视传播内容的一个组成部分，因此必须符合广播电视传播的一般规律。

（2）知识性、教育性与现实性、新闻性的统一

社会教育节目是围绕党和国家的总任务及某一时期的中心工作来确定选题，按照现实的要求为社会现实服务。同时，社会教育节目内容还常常包含反映社会现实、联系社会现实传授知识的内容。因此，社会教育节目自然也就不可避免地要具有一定的新闻性特点。一般来说，从

知识节目到理论节目再到特定对象节目是新闻性渐强,反之,则是知识性渐强。过于强调知识性而排斥新闻性或过于注重新闻性而忽略了知识性都是片面的。

(3)传播对象的专一性与广泛性的统一

特定对象节目的一个显著特征是具有传播对象的专一性。理论节目和知识节目也在不同程度上有着相对专一的受众。这种相对专一的受众可以说是社会教育节目得以生存和发展的基础。同时,广播电视具有受众广泛的特点,这又使得节目在相对专一的受众群体之外,其他人都可以收听、收看,因而可以说受众在相对稳定的同时又是不断发展变化的。这种相对专一性与广泛性的统一便构成了社会教育节目的重要特征。

三、服务性节目

服务性节目是指在所有直接帮助听众、观众解决各种社会生活实际问题的节目。这类节目最明显的特征就是实用性强。它以特定的内容,给人们的工作、思想、生活提供具体而实用的服务。

(一)广播电视服务性节目的分类

根据不同的标准,可以将广播电视服务性节目分为不同的类型。

1. 根据内容进行分类

根据内容,可以将服务性节目分为纯服务性节目和含有服务内容的节目两种,通常所说的服务性节目一般仅指前一种。所以下面仅对纯服务性节目进行简要分析。纯服务性节目可分为单项性服务节目和综合性服务节目两类。

(1)单项性服务节目

单项性服务节目内容单一,主要是提供一种知识或解决一个方面的具体问题,如中央电视台的《健康之路》《证券时间》《鉴宝》等节目,都是将具体的知识作为节目内容的。

（2）综合性服务节目

综合性服务节目常常在一个节目里安排多种服务项目，内容丰富，涉及生活领域的诸多方面，如中央电视台的《生活》《生活全天候》等节目。

2. 根据形式进行分类

根据形式，服务性节目又分为普及型服务性节目和特定对象型服务性节目两类。

（1）普及型服务性节目

普及型服务性节目内容广泛，具有普遍性，一般适合各种职业和不同年龄、文化层次的听众、观众，如《天气预报》《银屏导视》等。实践证明，这类节目在社会上常常是很受欢迎的。

（2）特定对象型服务性节目

特定对象型服务性节目主要是为某一层次的观众开办的，如专门为老年人提供服务的节目和专门为残疾人提供服务的节目等。随着社会经济、文化的发展，这类节目的需求会越来越大。

（二）广播电视服务性节目的任务

广播电视服务性节目的任务是由我国广播电视的性质来决定的，主要体现在以下两个方面。

1. 在思想感情上做听众、观众的知心朋友

广播电视服务性节目更加贴近于群众的日常生活，也就能够更加具体地针对各方面的群众出现的各种现实问题，用谈心、对等交流的方式进行启发和诱导，解除群众心中的疙瘩。

2. 在工作生活上做听众、观众的参谋和顾问

现代社会商品经济发达，人们迫切需要了解各种经济、技术信息，沟通产、供、销渠道，促进生产的发展。

广播电视能运用传播迅速、影响广泛的特点，通过各种经济服务性节目在这方面给听众、观众以切实的帮助。同时，一些"购物指南""养生之道"之类的节目，也能为人们提供生活指导和服务。

四、文艺性节目

(一)广播电视文艺性节目的分类

根据不同的标准,可以将广播电视文艺性节目分为不同的类型。

1. 根据节目功能进行分类

根据节目功能,可以将广播电视节目分为以下几种类型:

(1)欣赏型节目

欣赏型节目以播送各种形式的文艺品种、文艺作品为主,从而实现广播电视提供娱乐的社会功能。

(2)知识教育型节目

知识教育型节目主要向听众、观众传授、普及文艺理论知识和文艺技艺,这也是实现广播电视教育大众的社会功能的途径之一。

(3)服务型节目

服务型节目主要为听众、观众提供文艺信息、文艺知识方面的咨询,解答疑难问题,满足群众求知的愿望和其他各种有关的要求。

(4)评介型节目

评介型节目主要是评介文艺作品及其创作者、表演者等。

2. 根据节目来源进行分类

根据节目来源,可以将广播电视节目分为以下三种类型:

第一种是广播电视特有的艺术品种,如广播剧、电视剧及各种广播小品、电视小品等。

第二种是对一些社会文艺品种进行加工使之成为具有广播电视特点的文艺节目,如电影录音剪辑、电视小说、音乐电视等。

第三种是直接取材于社会文艺,即把某些社会文艺节目直接引入广播和电视进行播出,如广播电视实况播出的歌舞、音乐、曲艺、戏剧等。

3. 根据艺术种类进行分类

根据艺术种类,可以将广播电视文艺节目分为以下六种类型:

（1）戏曲节目

戏曲节目主要是中国的各种戏曲，如京剧选段。

（2）音乐节目

音乐节目如中外声乐、器乐歌舞剧的音乐录音、录像、剪辑和选曲等。

（3）曲艺节目

曲艺节目包括鼓书相声、评书等各种说唱艺术。

（4）文学节目

文学节目如广播电台的文学欣赏、小说连续广播和电视台的文学欣赏节目等。

（5）电影和话剧

电影和话剧如广播电台的电影录音剪辑和电视台播出的电影片以及广播电视对话剧演出的实况直（转）播等。

（6）广播剧和电视剧

广播剧和电视剧，尤其是电视剧，已成为电视文艺性节目的重头戏。

（二）广播电视文艺性节目的特征

广播电视文艺性节目的特征主要包括以下几方面：

1. 包容性

广播电视文艺，尤其是电视文艺，是迄今为止包容性最强的一种艺术。小小荧屏，既可以展现文学、戏剧、音乐、美术、舞蹈等一切艺术种类，又可以古今中外、天上地下、无所不有、无所不包。

2. 渗透力与群众性

随着广播电视的日益普及，广播电视文艺性节目在不断发展完善的同时，进入了亿万人的家庭生活，成为群众业余文化生活形式中最为方便的一种。虽然这个特征也是广播电视其他节目所共有的，但由于亿万群众业余生活与娱乐消遣的密切关系，广播电视文艺性节目的社会影响力远比其他节目更为深远。

3. 连续性

广播电视文艺性节目能够满足群众足不出户便可连续、定期地欣赏文艺节目的需求。我国曾经有过连台本戏和连续讲说长篇评书等文艺形式,但随着社会的发展已不复存在,广播电视文艺性节目则又提供了这种可能。连续性已成为广播电视文艺性节目的显著特点与优势。

五、剧情类节目

剧情类节目在广播节目的发展史中曾占据重要地位。电视诞生后,广播剧受到电视剧的严重冲击,该节目形态已基本消失。因此下面主要探讨的是电视剧节目。

在电视节目系统中,电视剧作为一门独立的、有巨大影响力的艺术样式,是一种在电视屏幕上进行演剧的艺术。它以图像和声音为基本载体,以剧中角色的动作和语言间基本表演手段,通过矛盾冲突展开戏剧情节,塑造生动人物形象,以此来感染打动观众。[①]

电视剧的重要性,首先表现在它是观众所喜闻乐见的节目类型。调查显示,电视剧是中国观众收看时间最长的节目。其次,对任何电视台来说,电视剧又是必须予以高度重视的维系市场地位的重要节目类型,甚至可以说是"收视保险杠"。最后,在电视节目系统中,电视剧可谓是占据了电视节目的半壁江山。各电视台大多设有专门的电视剧频道,24小时不间断播出电视剧节目,在综合频道和其他专业频道,电视剧节目也是主要的节目类型,并被安排在黄金时间播出,在春节和十一长假期间,一些电视台更是将电视剧连续四集播出,分别在上午、下午和晚间播出,成为电视节目系统中播出量最大的节目类型。作为电视台提高收视率、盈利创收的主力,我国电视剧的生产产量也呈逐年上升的趋势。

六、谈话类节目

谈话类节目的发展得益于社会的整体发展,众所周知,当一个社会物质日趋丰富时,人与人之间交流与沟通的欲望也越来越强烈,在这种背景下,谈话类节目以它的人情味和平易近人为观众提供了一个表达、

---

① 吴玉玲.广播电视概论[M].北京:中国传媒大学出版社,2007.

交流和互动的平台。许多优秀的谈话类节目既增进了观众之间、名人与观众之间的相互了解与认识,也满足了观众情感宣泄的需要。谈话类节目也因此在当前取得了较好的收视率。例如,较为成功的谈话节目有凤凰卫视的《鲁豫有约》,该节目同样以主持人的名字命名,依赖于主持人的语言表达能力,注重主持人个人魅力,充满了个性化特点。鲁豫以清新、聪慧的形象,真诚、率真的个性吸引着谈话者和观众。同时,她在节目中以倾听为主、适当提问为辅的策略,并穿插一些背景材料以拓宽谈话的内容,推动谈话深入进行,让整个节目呈现出一种平和、亲切、轻松的氛围。在选题方面,改版前的《鲁豫有约》曾邀请一些在历史中有争议的人物来做嘉宾。这样的人物选择使得节目带有较强的探秘性质,对观众来说,嘉宾本身就非常具有吸引力。《鲁豫有约》改版后,开始把一些明星、热门人物请到演播室,这种转变使它和时代结合更紧密、和社会联系更密切,但从另外一个角度看,嘉宾的神秘性和谈话内容的故事性也相对减弱了。[①]

七、体育类节目

电视的服务对象是观众,体育赛事直播节目的最终服务对象是体育迷。而体育迷收看体育节目的直接目的就是感受一种不断超越、拼搏、顽强的体育精神,电视荧屏前的观众和赛场上的体育运动员一起经历成功与失败,一起欢笑,一起流泪。在这样一个欣赏、感受体育赛事的过程中,体育迷们得到了愉悦感和情感的宣泄,周围的人也会被这样的情绪所感染。这样的收看情况在短期内会形成一个收视高峰,由此,体育赛事转变成一个与媒体密切相关的事件。电视媒体和体育赛事的关系如此密切,以至于在某种程度上电视已经成为体育运动生存与发展的必要载体。体育赛事的观众数量因为电视转播的关系,以几何倍数急剧扩大,其中通过电视观看赛事的观众数量远远多于在比赛现场的观众。同时也因为电视,体育作为一个产业得到了快速发展,体育经济变得炙手可热。

随着近年来观众对体育节目需求量的加大,中央电视台和各省级电

---

① 吴玉玲. 广播电视概论[M]. 北京:中国传媒大学出版社,2007.

视台纷纷推出了自己的体育频道,中央电视台第五套体育频道以其强大的实力成为国内体育频道中的领军者。

目前国内的体育节目大概可以分为体育新闻、体育赛事转播和体育评论三种。

体育新闻强调大容量,重视时效性,将国内外赛事的最新消息及时、快捷播报给观众。比如说中央电视台体育频道就在多个时间段向观众传达体育信息,如12点的《体坛快讯》、傍晚6点的《体育新闻》等。

体育赛事转播是体育节目中最吸引人的。它具有极强的现场感,并常常采用慢镜头、回放、固定画面和其他特技手段,使得画面的冲击力得到增强。除此之外,各个电视台体育频道还大量引进国外优秀的体育比赛节目,尤其是各类职业化比赛,如世界杯、意甲、西甲、英超、NBA等,为广大的体育迷们呈上了一场又一场盛宴。

当今的中国电视观众已经成长为一个比较成熟的群体,球迷当中藏龙卧虎,他们不再满足于简单的赛事解说,电视媒体除了要把体育赛事原汁原味地呈现给观众以外,还要具备有个性、有见地、有深度的体育分析和评论。体育评论节目通过提供各种观点和角度,抛砖引玉,与观众朋友们一起进行思考,并希望以此让观众对体育事件和体坛人物有更加全面清晰的了解。

第二节　广播电视节目的编排策略

节目的编排是一个系统工程。根据系统论的观点,采用的编排手法得当的话,各个节目所产生的整体编排效果将大于单个节目的播出效果简单相加的总和。广播电视节目的编排工作要遵循受众普遍的逻辑思维习惯,要简洁明快,一目了然。它涉及节目的选择,每一个环节的衔接都有一定的讲究,各个节目之间既各自独立又隐含连贯性。具体来说,广播电视节目的编排策略主要包括以下几方面(图3-4):

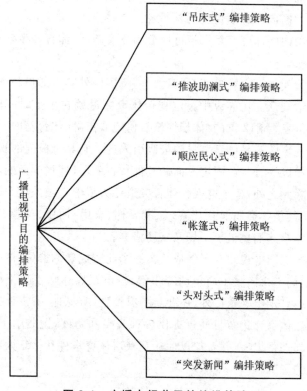

图 3-4　广播电视节目的编排策略

一、"吊床式"编排策略

　　"吊床式"编排策略是指在两个好的节目之间安排一个相对弱的节目或者新推出的节目,以此来带动后者,提高其收视率。这种策略利用了受众的视听惯性。受众在欣赏完一个好的节目以后,会对接下来播出的节目产生收视/收听期待,这时候播出一档不强的节目,可以带动提高它的收视率。比如说,中央电视台一套晚上 9 点 40 分播出的《纪实十分》节目,它相对于中央电视台其他强档节目来说,创办初期没有任何特色,但是对该节目的编排却很成功,安排在《焦点访谈》、主旋律电视剧之后,《晚间新闻》和《新闻调查》之前。这样,在这些节目的带动下,《纪实十分》的收视率也有了一定程度的上升。

二、"推波助澜式"编排策略

"推波助澜式"编排策略是指电台或电视台在某个时段播出一个强势的节目以后，在接下来的时段里，继续播出一个或几个好的节目，后者可能和前者是同一话题，但是前者的进一步深化，也可能转换话题和节目类型，但同样是精品节目。实力雄厚的媒体经常采用这种编排做法，它能给受众淋漓尽致之感，持久地抓住受众，保持节目的高收视收听率。例如，中央电视台一套在傍晚 6 点 13 分播出《东方时空》，7 点整播出《新闻联播》，紧接着在 7 点 38 分播出《焦点访谈》，将近两个小时里，观众可以享用到一道又一道新闻大餐。[1]

三、"顺应民心式"编排策略

这种编排策略是指根据受众常规的视听习惯来安排节目时间表，比如说，早中晚的新闻节目、傍晚的动画片、周末晚的大型综艺娱乐节目、假期里连续剧的多集连播等。在早上 10 点，大多数学龄儿童正在学校里上课的时候，如果电视台安排播出精品的动画片，我们可以想象它的收视率必然偏低。

在这个编排策略里，编排者必须对"黄金时间"有清醒的认知和把握。黄金时间里，观众大都结束了一天的工作和学习，可以从容地坐下来收看电视。因此，电视媒体无一例外都非常重视黄金时间的节目编排，纷纷推出强档节目，争取充分有效地利用好这个时间段，取得最好的播出及收听/收视效果。

四、"帐篷式"编排策略

这种编排策略指广播电视媒体在每天的黄金时间里播出高视听率的重量级节目，并形成一种"帐篷"效应，惠及整个频道其他相对弱的节目。实施这种策略有一个假定：受众有视听惯性，即受众一旦喜欢一个

---

[1]　欧阳宏生，谭筱玲．广播电视学教程[M]．成都：四川大学出版社，2018.

频道里的某个栏目,那么他就可能对整个频道都形成一种认同感,继而"习惯性"地收看/收听该频道的其他节目。比如说,很多人喜欢湖南卫视可能是从《快乐大本营》这个节目开始的,因为这个节目,人们知道原来节目是可以做得这么娱乐,慢慢地,湖南卫视就在他们的头脑里形成了一种印象,即想轻松和娱乐的话,就看湖南卫视。这样,湖南卫视的其他娱乐节目,像《娱乐无极限》《音乐不断》等节目的收视率也就随之提高了。①

五、"头对头式"编排策略

"头对头式"编排策略是指在同一时段其他频道已经安排了强势的节目,并且取得了很高的收视/收听率的情况下,所在频道迎难而上,与其他频道展开正面的竞争。这种做法风险性很大,有可能两败俱伤。也有成功的例子。比如中央电视台的《梦想中国》其初衷就是想模仿美国的《美国偶像》,给普通老百姓提供展示才艺的舞台,实现他们成为明星的梦想。由于节目类型的新颖和主持人李咏的独特魅力,再加上央视的大力支持,节目推出以后大受欢迎。之后,湖南卫视全力打造的《超级女声》,收视率节节攀高,风头很快就超过了《梦想中国》。

六、"突发新闻"编排策略

频道尤其是新闻频道对新闻的反应能力直接体现了其专业化程度,并将进一步影响到受众对频道的评价。在这方面,凤凰卫视对"9·11"恐怖袭击事件的编排处理为内地媒体做了非常好的表率。"9·11"事件发生在 2001 年 9 月 11 日美国东部时间早上 8 点 48 分(北京时间 20 点 48 分),事件发生后,凤凰卫视资讯台果断地中断了正常节目的播出,首先由主持人吴小莉在 9 点整的《时事直通车》节目中播发了简短消息,并提醒观众注意稍后的现场直播。半个小时后,凤凰卫视中文台、资讯台、美洲台共同对这一突发事件做了现场直播。凤凰卫视对此事的直播持续了 36 个小时,国内凡是能接收到凤凰卫视的观众都把遥控器锁定在

---

① 欧阳宏生,谭筱玲.广播电视学教程[M].成都:四川大学出版社,2018.

了凤凰卫视。凤凰卫视敢于突破常规编排,及时报道突发新闻事件的魄力和能力使它声名鹊起,也使它在一次次的突发新闻报道中逐步走向成熟,树立起华语杰出新闻媒体的形象。①

第三节　广播电视节目的生产

　　在广播电视传播中,节目特指在一个时间段里的播出内容,即在广播电视媒体上呈现出来的、经过编排制作、可以感知理解的视听产品。节目构成广播电视传播的主体内容,广播电视机构正是通过节目实现信息传播以及教育、娱乐、服务等功能,服务于受众和社会。从生产角度而言,广播电视节目主要是指利用电子科技手段,综合视听表现手法制作出来供人欣赏、传播信息的电子符号系统。本节即对广播电视节目的生产流程进行简要阐述(图 3-5)。

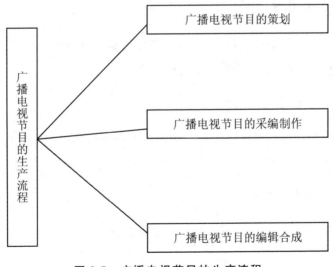

图 3-5　广播电视节目的生产流程

---

① 　吴玉玲.广播电视概论[M].北京:中国传媒大学出版社,2007.

一、广播电视节目的策划

策划是以调查和反馈为基础,根据受众的需求和播出机构的编辑方针,确定节目的经营策略,制定节目采编制作的最佳方案并付诸实施的过程。节目策划是对节目进行的具有前瞻性、科学性的专门化谋划。广播电视节目策划应遵循一定的原则。

(一)目标性原则

广播电视节目的策划必须有一个明确的目标,这是策划的出发点和归宿。目标的确定要注意上情和下情两方面的统一,切不可迎合某种权势或只关照个别人的需求,而应顺应时代潮流,以大众的利益为第一需要。目标要实事求是,切合实际,要有一定的现实性和可预见性。

(二)效益性原则

在进行广播电视节目策划时,必须注重现实性和可行性,要讲求效果和效益。讲求实效,要做到以下两方面:

1.注重社会效益

社会效益是指所策划的节目对人们能起到启迪思想和教育熏陶的作用。

2.要考虑经济效益

经济效益是指所策划的节目,能够获得经济上的回报,从而创造经济财富。

(三)最优化原则

策划本身就是为了追求最好最优。广播电视节目策划要体现竞争意识,面对不同媒体间以及媒体内部的竞争,在节目创意、方案选择、具体操作、传播效果等环节上都应充分考虑适者生存、不进则退的严峻性,要在危机意识中发挥潜能,在竞争环境下设计节目,才能最终实现节目的优化。

(四)创新性原则

创新是广播电视节目策划的内核。新理念、新思维、新方法、新形式应该贯穿于策划的各个环节。它包括以下几方面:

第一,要在节目形式、运作模式上下功夫,把当今社会科学和自然科学的最新成果运用到策划中来;

第二,要在原有节目的基础上,更上新台阶,辩证地扬弃,做到有所突破、有所建树;

第三,要使节目对受众的视听感官和观念有强烈的冲击作用,使人耳目一新。

二、广播电视节目的采编制作

(一)广播节目的采编工作

广播节目最突出的表现形式就是声音,要先声夺人,以声传情,这也是广播媒体最明显的特征。在声音采制中,音响、人物谈话、记者口述是三个非常关键的要素,直接影响着节目效果。因此,要把握好采制原则和采制方法。

1. 广播节目的采制原则

(1)采访的一次性原则

广播节目除了文字采访,更重要的是音响采访。文字采访可以反复多次,但是音响采访却大不相同,除了非现场新闻现场实况音响,其他实况音响一旦消失便不可复得,因此,音响采录要一次性完成。

(2)录音的真实性原则

录音报道能够增强报道的可信性和感染力,如果音响不真实,报道就失去了存在的价值。音响的真实性要求做到以下几方面:

第一,报道中所运用的录音,必须是从与本报道有关的事物或人物那里自然录下来的;

第二,报道中每一段录音的运用,都符合事物发展的本来面目;

第三,报道中所运用的录音必须符合生活的情理。

（3）少而精原则

少而精地运用音响,是为了使音响在报道中更好地发挥独特作用。遵循这一原则必须做到有识别音响的聪耳听力,有熟练的录音技术。

（4）通俗化原则

广播的语言必须通俗化,要让那些文化水平不高的听众能够理解和接受。具体来说应做到以下几方面:

第一,尽量使用常用词汇,如果不得不使用一般听众不熟悉的词,就必须加以解释;

第二,要符合口语习惯,避免使用书面语言;

第三,要平易近人,不要华而不实,不要居高临下、咄咄逼人。

（5）简明性原则

在广播节目报道中,运用最多的声音往往是人物访谈,即主要由采访对象回答记者的提问所组成。能否搞好人物访谈录音,事关节目质量,事关报道成功与否。要搞好人物访谈录音,要做到以下几方面:

第一,要创造一个友好、和谐、融洽的交谈气氛;

第二,要消除录音机给对方造成的畏惧心理;

第三,记者的提问一定要简要、具体、明确,要提对方所熟悉的问题,要用对方明白易懂的语言提问。

2. 广播节目的采制方法

（1）录音的基本方法

录音的基本方法主要包括单点录音法、主辅路录音法和多路录音法三种。

①单点录音法

单点录音法就是用一个话筒在一个点上拾音的录音法。这种方法一般用于声源比较完善的录音场合。

②主辅路录音法

主辅路录音法就是用多个话筒在同一现场同时录音,其中一个为主话筒,其余的为辅助话筒。主话筒担任主录任务,负责录制主要的音响;辅助话筒则用于弥补声源个别部分电频的不平衡,或是同时采录环绕音响。

③多路录音法

多路录音法就是用多个话筒在现场多点录音,可以采录到较大现场各处的声音,多路录音能将在各个方向上发言人的声音很清晰、平衡地录下来。

(2)人物谈话的采录

在广播节目中,除了考虑节目的线索外,还要考虑如何在现场环境中获得典型且清晰的音响。

第一,要消除对方的紧张心理,创造一个友好融洽的交谈气氛。

第二,要选择合适的录音地点。一般情况下,采访谈话需要找一个不受干扰、较为安静的环境,免得周围的人和杂声影响对方的情绪和录音效果。

第三,掌握适当的录音时机。记者要具备快速反应的能力,在采访过程中把好的东西抢录下来。

第四,尽量摆脱讲话稿的束缚。应该尽量甩开稿子,边谈边录,即兴发挥,恰到好处。

(3)实况音响的采录

实况音响的类型较多,运用的方式和范围也不同,要想做出高质量的音响报道,一定要深入生活,亲临现场,下功夫去采录典型的音响。在采录音响时,要注意以下几个方面的问题。

第一,要对声音有独到的判断力。具有迅速鉴别、判断各种音响的能力,不仅要用眼睛观察,还要用耳朵聆听,注意声音独特的表现力和细微的变化,能抓住形象丰满、表现力突出的声音,具有对听觉形象的独到判断力。

第二,要善于捕捉典型独特的音响。要勇于实践,勇于探索,不能满足于眼前的、表面的、人们听惯了的音响。要具备艰苦细致的工作作风,眼观六路,耳听八方,从大量声音中听出有新意的音响来。

第三,在采录音响时要有音响的美学观。不能把采录音响看成一个简单的技术工作,它与记者的审美情趣和价值取向关系密切。流动的音响不仅可以表现时空,而且可以蕴含丰富的寓意,令人回味无穷。所以,在采录音响的过程中,要具有专业意识和审美思维,将音响世界和审美特性紧密结合起来,带给听众美的享受。

(二)电视节目的采编制作

1.电视采访

电视采访可以获取基本的创作素材,激发创作灵感。电视转播、同步报道更要配备一套系统的采集传送设备。作为电视从业人员,必须掌握现代化的电子采集技术手段,并熟知与之配套的各个技术环节。电视采访应能捕捉"感觉"并在现场环境氛围中引出主体信息,且使观众可以从画面中获得更多的从属信息。电视采访过程中尽量呈现自然的状态,设法营造一种和谐的氛围,提问简洁、通俗、易于理解,在与采访对象的交流中获取信息。同时要注意采访的态度、举止乃至服饰。进入电视传播领域的记者已经充当媒体形象角色,观众通过记者的表现了解其主张、能力甚至思想,并以此来判断一家电视媒体的水准。①

2.电视写作

电视写作广义而言就是对整个节目的构思和流程的设计,既包括前期的节目策划,也包括节目中具体的文案。电视写作的根基从纯文字写作中来,但与之有明显的区别。主要应把握电视的表现特征,从电视语言的整体结构出发,充分考虑节目的流程、主题、风格、定位等诸多要素,同时要涉及与其他手段如音乐、灯光等的协调配合,精心设计布局。电视写作在创作过程中应充分考虑电视的表现特征。与印刷媒体和广播相比,电视与观众之间最能展开直接的交流,其声画并茂的传播特点,最能营造强烈的现场感,能表现丰富的气氛。因此,电视写作应当把握这种交流性,多用谈话语体,避免用语的生硬造作。②

电视写作典型表现为解说词的撰写。解说词不能只是画面的简单说明和解释,除了强化画面已有的信息之外,解说词应该根据创作需要,挖掘画面内的含义。它应该是画面因素的补充、延伸、深化与概括。解说词应当与画面组合成为具有内在逻辑的有机整体,相互呼应和配合。

---

① 张振华,张君昌,欧阳宏生.中国广播电视学[M].北京:中国国际广播出版社,2018.
② 欧阳宏生,谭筱玲.广播电视学教程[M].成都:四川大学出版社,2018.

3.电视摄像

电视摄像是电视节目制作中的一个核心环节。前期工作的目的是将编导的构思、美工的设计和人物的表现拍成图像,记录到存储介质上。图像又是后期工作的源头,剪辑、配音、合成要以它为基础。由于图像具有时间因素,摄像师就可以利用空间在时间中的延续与变化,直接表现运动,因而电视摄像师不仅可以利用静态造型的全部技巧特别是用光技巧,而且可以利用运动造型技巧,如推、拉、摇、移、升、降等表现运动形象。电视图像由于受时间限制,一个画面、一个镜头在极短时间内就会从荧屏消失,因此在摄像时要求画面中心内容和主题形象必须突出和醒目,以便观众能在极短的时间内看清形象、看懂内容。

4.电视编导

电视编导的工作具有较强的政治性、政策性、思想性和业务性。编导工作常常被比作电视节目生产与传播过程中的"心脏"和"大脑"。电视导播是电视播出的引导者,这是与节目编导相联系的概念,可分为日常性播出导播和临时性现场播出导播两大类。在电视节目中,尤其是现场直播时,需要图像切换导演,这就属于导播性质。为保证节目按计划、有秩序、高质量地播出,导播是电视必不可少的环节。其任务是组织并指导日常节目播出,及时做好节目调度工作。电视现场直播,具有制作和播出同步进行的特点,导播工作更为重要。电视导播应负责编写分镜头台本,调动摄像机位置,调整景别或做特技设想,指导音响工作人员调节音响效果、播放音乐、选择图像进行实时切换等。[①]

三、广播电视节目的编辑合成

广播电视节目生产过程中的最后一个环节就是合成。节目最终是以完整的可感知和接受的具体的形态呈现给受众的。合成的任务就是将广播电视节目采编制作环节的各种要素,按照一定的规律,有机地结合为一个整体,最终体现策划目的、编导意图以及节目主题表达。通过

---

① 欧阳宏生,谭筱玲.广播电视学教程[M].成都:四川大学出版社,2018.

合成才能完成整个节目的制作。复制合成的顺利与否,直接决定着节目的质量。电视节目的合成方式基本上可以分成编辑合成和演播室一次合成两类。

(一)编辑合成

就是将各种素材,包括演播室收录的素材,均作为信号源,通过编辑合成,再加上相应的电视音响、电视音乐即配音、配乐等制成成品。

(二)演播室一次合成

演播室一次合成则是将各种素材、资料、图表、卡片、字符、模型、道具等,加上演员的表演、解说员的旁白、音乐等信号,一次性地在演播室收录合成、制成节目带。

第四章　广播电视的受众研究

受众是信息传播的接收者,是整个传播活动的最终目标,是对传播效果最直接的检测。广播电视受众既是社会公民,又是媒介产品的消费者。当代中国广播电视已进入以受众为主体的买方市场,受众的多元需求是频道和节目定位的重要依据,受众的选择直接体现媒体的社会效益和经济效益。受众调查是受众工作的重要内容,其调查结果是广播电视谋求改革发展的重要参考依据,对推动广播电视发展具有重要作用。本章即对广播电视受众的相关知识进行研究。

第一节　广播电视受众的特征

广播电视受众的特征主要包括以下几方面:

一、广泛性

广播电视的受众具有较强的广泛性,几乎各种知识层次、各个年龄段的人都可以成为广播电视的听众与观众,这就使得广播电视拥有着庞大的受众群体。广播的收听环境非常广泛,其收听工具廉价而小巧,可随身携带,且收听广播可以和其他许多日常活动同时进行,为受众提供了极大的便利。电视在家庭中占据重要地位,不仅是家庭娱乐消遣的主要媒体,还会使人们在轻松自然的环境里接触现代社会的最新信息。

二、地域性

目前我国拥有包括从中央到地方、从卫星到有线等各种类型、各种规模的广播电视台。以中央各台为代表的部分电台电视台的全国性影响和一些区域性电台电视台对本地受众的影响力是相互补充的。据了解,各地的本地台在当地的收听率相对比较高,尤其是音乐台、文艺台,了解本地信息,人们习惯于接收本地台,然而要了解国家及世界大事,人们还是习惯于关注中央台。

三、隐匿性

广播电视作为大众传播媒介,其信息传播是相对公开的,然而,广播电视的受众作为个体却是在一种隐匿状态下收听收看节目的,他们的行为是相对独立的私人行为,而且其收听收看节目的行为因个体差异而相互有别。广播电视受众的这一特点为媒介组织了解受众的收听收视习惯和喜好带来了一定困难,受众调查以及收听率收视率的出现可以在很大程度上弥补由于受众隐匿性所带来的信息反馈的困难,有利于媒介组织了解受众的视听习惯,有针对性地生产节目。[1]

四、复杂性

广播电视的受众由于各个知识层次、各种职业、各个年龄段、各种性格的人都在其中,因此较为复杂,所以广播电视节目很难使每一位受众都满意。针对这一情况,各国各级广播电视都开始进行不同程度的节目定位,目的是为了锁住受众群,拥有相对固定的受众,从而培养受众对节目的忠诚度,达到较为有效的传播效果。但是尽管如此,广播电视受众的复杂性将是长期存在的,如何满足最大多数人的信息需求,仍将是广播电视需要长期面对的问题。[2]

五、差异性

据中央电台听众调查显示,广播忠实听众的比例,城镇人口比农村

---

① 陈莉. 当代广播电视概论[M]. 南京:南京师范大学出版社,2010.
② 吴玉玲. 广播电视概论[M]. 北京:中国传媒大学出版社,2007.

人口比例高,东北及沿海地区人口比其他地区人口比例高,男性人口比女性人口比例高,年老人口比年轻人口比例高,高文化程度人口比低文化程度人口比例高,高收入人口比低收入人口比例高。职业群体中,离退休人员一直收听比例最高,其次是机关干部,待业人员比例最低。这个不同群体一直收听比例在一定程度上反映了各听众群体在收听时长上的差异。我国电视受众平均每天收看电视约 2.5 小时,受各种因素影响,不同受众情况有所不同。地区差异对收视时长影响较大。华北、东北、西北以及西南地区的人均每天收视时长高于全国收视平均水平,而华南、华东和华中地区的人均每天收视时长低于全国收视平均水平。城镇观众在收视时长上明显比农村观众长,农村观众收视时长与文化程度成正比,城镇观众则正相反。①

第二节　广播电视受众的权利

一、作为社会公民的受众权利

概括来说,作为社会公民的受众权利主要包括以下几方面。

(一)知情权

知情权是指公民获取有关社会公共领域信息以及与本人相关信息的权利。在现代社会,公众知情权已经成为一个民主社会的标志之一。在新闻传播领域,知情权特指受众通过媒介获取信息,特别是公共生活信息的权利。然而,知情权在实际运行中却会遇到种种阻力,原因是在公民知情权与其他社会利益攸关者之间找到一个平衡点往往并非易事。因此,探究如何在特定的社会机制下较好地保障公民的知情权就更为重要。在我国,虽然宪法没有明确和具体的知情权条文,但明确规定国家权力属于人民,人民依法享有参政、议政和监督权等公民基本政治权利。随着近年来我国社会主义民主政治生活制度的逐步完善,各级政府和有

---

① 欧阳宏生.广播电视学导论[M.]成都:四川大学出版社,2007.

关公共部门已开始陆续建立、健全信息发布、信息公开制度,加大社会公共生活的透明度,切实保障和实现公民的知情权。

(二)表达权

表达权又称表达自由,是指公民通过口头或书面以及特定行为表达自己意见的自由,包括言论自由、著作自由、出版自由、新闻自由、结社自由、游行示威自由等。在新闻传播领域,主要是指新闻媒介的表达自由和受众通过新闻媒介表达自己意见的权利和自由,对于受众而言,则进一步细化为受众在媒介上的表达权。应当说,表达自由作为现代公民最基本的民主权利在世界各国的法律中都有较明确的规定,我国宪法规定"中华人民共和国公民有言论、出版、集会、结社、游行、示威的自由"。

当然,在任何国家,受众作为公民的表达权既有保障也有限制,任何表达自由必须在法定范围内。另外,媒介表达自由和受众表达自由之间有时也面临较大的冲突,特别是在媒介资源相对有限的现代社会中,这一矛盾已成为人们必须面对并想方设法解决的问题,否则便不可能维护真正的新闻自由,也不可能真正维护受众的权利。

(三)批评建议权和监督权

舆论监督权是指受众通过一定形式的大众传媒和传播者表达公众意见,影响社会决策的权利。对于媒介的监督权不是媒介自上而下赋予受众的,而是受众作为社会公民自然应享有的权利。在当今世界性的媒介商业化浪潮中,强调和坚持受众对媒介活动及其公益性监督显得尤为重要。

二、作为媒介产品消费者的受众权利

把受众看作媒介产品的消费者,反映了传媒活动的经营行为。它揭示了受众不仅作为社会公民拥有宪法和法律所赋予的基本权利,而且作为媒介产品的消费者,还拥有《消费者权益保护法》等相关法律所规定的消费权益保护。参照《消费者权益保护法》及相关法律法规,我们认为,作为媒介产品消费者的受众权利,主要有下列几点:

（一）知悉真情权

目前,不少广播电视媒体假借新闻报道或信息服务形式,安排播出有偿新闻或不明确标示广告的广告信息,从而损害了受众知悉真情的权益。甚至,最近一些广播电视节目中的互动,也出现了明显侵犯受众知悉真情权的行为。例如,广播电视节目中的短信互动,是一种免费广告电视媒介消费的新形式。电台电视台制作播出节目,不仅吸引受众收听收看,而且鼓励受众通过发送手机短信积极参与,而观众每发送一条与节目有关的信息都要支付一定的费用,电视台和渠道服务提供商则从中按比例获得相应的收益。但是许多电视台只开通了包月收费服务,并无针对每一条短信的收费服务,发一条短信和发几条短信一样,都要收取包月费用。为了诱使观众成为节目的包月用户,一些电视栏目有意无意地屏蔽相关的资费信息,或者只是用小号字在不显著的地方予以标注,使观众误以为自己的参与只花了低价的费用,结果有不少人因为一次的互动而被扣除了整月的费用,所以引起了很多受众的不满。媒介有意屏蔽相关消费提示,其实就是对受众知悉真情权的侵犯。随着付费电视的不断推广,我国一些地区广播电视受众已逐渐转变为用户。对于真正意义上的广播电视媒体消费者,传媒应按照法定方式标明商品或服务的真实情况,以满足消费者的知悉真情权。[①]

（二）消费选择权

随着数字技术的发展,受众的消费选择权开始引起人们的注意。目前,数字电视的推广,一方面是适应世界电视业发展潮流,推动我国电视业的深入发展;另一方面,数字电视也使受众有了更多的选择空间,受众消费的个性化需求得到了一定的满足。但是数字电视在提供丰富多彩节目和方便快捷服务的同时,也带来了收视方式和收视习惯的改变,选择收看数字付费电视,就意味着受众要进行更多的投入。然而有些地方在推进数字电视的过程中,强制性关闭模拟信号,要求用户全部转而收看数字付费电视,这种"一刀切"的方式不仅过于简单粗暴,其实也是对受众消费选择权的侵犯。由于受众的消费水平不一,消费需求不等,尤其是一些低收入家庭,根本没有消费数字付费电视节目的实力,所以,强制他们使用数字付费电视,就是一种强迫性消费的行为。针对数字电视推广侵犯受众消费选择权的问题,广电总局也特别指出,数字电视的推进要因地制宜,稳步发展。①

(三)公平交易权

公平交易权的具体内容如下。

1. 有权获得质量保障

随着业界竞争的日趋激烈,广播电视媒体想方设法压缩节目,延长广告时间,导致节目时长大量缩水,节目水准有所下降。从受众角度来说,虽然受众没有直接与媒体进行节目的交易,但受众投入了时间,受众的关注是媒体与广告商交易的资本,媒体过长的广告安排其实也是对受众时间付出与公平"交易"的侵犯。

2. 有权以合理的价格成交

价格是否合理,也直接关系到受众的财产利益。不合理的价格损害了受众的利益,破坏市场的公正原则。如有线电视维护费用过高,受众完全有权要求传媒真正做到质价相符,货有所值。例如,2003年,北京歌华有线电视网络公司因将网络传输的方式由微波传送转变为光缆传送,将收看维护费由现行的每户每月12元调整为每户每月18元时,引起了北京市民的一片哗然。尽管进行光缆改造是有线电视向数字化过渡的首要前提,但是,市民们普遍认为,在内容和服务没有增加的情况下,该公司向超过220万用户每年增收的1.58亿元属于非法。

(四)安全保障权

从目前的情况来看,广播电视媒体虽没有直接侵犯消费者的安全保障权,但是媒体播发的虚假广告却起到了引导消费者使用问题产品的作用,从而间接侵犯了消费者的安全保障权。以虚假医疗、美容、瘦身等广告为例,广播电视媒体经常在上、下午非黄金时段播送此类产品的直销

---

① 吴玉玲.广播电视概论[M].北京:中国传媒大学出版社,2007.

广告,尤其是一些名人代言的广告,消费者在听信媒体的广告宣传之后购买了产品,不仅原有问题没有获得改善,财产也遭受损失,甚至造成了人身损害。虽然生产问题产品的厂家对此负有主要责任,但从媒体这个角度上来说,媒体对信息把关不严、缺乏核准,才导致了虚假广告信息的传递与放大,并最终促使消费者选择了问题产品,媒体对此也负有不可推卸的负责。

第三节　广播电视受众调查

一、广播电视受众调查的重要性

受众调查是媒体商业化竞争不断加剧的结果,也是电台电视台改进业务,进行节目策划和生产的关键。在广播电视产业这一产业链中,受众调查是基础环节,也是不可缺少的环节。随着科学技术的突飞猛进和社会的快速发展,广播电视受众调查已经演绎为当代社会越来越不可或缺的生活情状、思维框架和文化景观,受众调查在当代广播电视传媒发展中扮演着重要角色,主要体现在以下方面(表 4-1)。

表 4-1　广播电视受众调查的重要性[①]

受众调查在当代广播电视传媒发展中扮演的重要角色	具体阐述
受众调查为电台电视台宏观决策提供了重要参考	通过受众调查,可以对受众状况有一个全面、客观的了解,这种多方面、综合性的客观调查结果,使传播者能够准确、充分地认识受众状况。通过受众调查,结合整个社会的发展,还可以分析和预测出受众状况的变化趋势,为广播电视传媒制订改革和发展规划或方案提供决策依据

① 张振华,张君昌,欧阳宏生 . 中国广播电视学[M]. 北京:中国国际广播出版社,2018.

续表

受众调查在当代广播电视传媒发展中扮演的重要角色	具体阐述
受众调查为广播电视传媒了解受众提供了基本参考	受众调查可以帮助广播电视传媒了解受众规模、受众构成、受众特征及分布状况,可以了解受众市场状况、受众接触行为和选择偏好、受众需求、受众心理、受众的评价状况及受众的权利与义务等;可以帮助广播电视传媒建立一个系统、客观、准确的传播效果检验和反馈渠道;可以帮助广播电视传媒不断改进工作,了解和满足受众需求,更好地为受众服务,进而赢得更多的受众;可以帮助广播电视传媒了解自身的竞争力状况和受众市场环境的变化情况以及探索新的受众市场机会
受众调查为电台电视台的节目评估提供了重要指标	引入竞争机制,建立科学、公正、准确的节目评估体系,是提高广播电视节目质量的重要措施,而受众调查结果就是其中最主要的指标。通过跨屏视听分析,解剖受众的点播视听行为,将为广播电视提高融合传播能力提供重要参考。同时用直观的数据表现受众实际的视听状况,可以避免在评价节目中的感情因素,使结果更为客观公正。此外,节目评估体系还包括满意度调查数据、专家评议意见等,为节目定位、节目调整、节目编排等提供重要参考,使节目的评估更为科学和全面
受众调查为电台电视台的广告经营提供了重要依据	在市场经济条件下,广告已经成为广播电视产业经营的重点。广告客户最关心的是广播电视节目的影响力和影响面。受众调查数据可以为广播电视传媒制定广告价格提供重要依据;为广播电视传媒开展广告招商和广告经营活动提供依据;为广播电视传媒及广告客户、广告公司检验广告效果提供依据;为广告客户和广告公司做好广告媒体计划提供重要依据

二、广播电视受众调查的方式

受众调查的方式主要有以下几种(表4-2):

表4-2　受众调查的方式

受众调查的几种方式	具体阐述
普查法	普查法是以受众总体为调查对象的一种调查方法,是为了了解受众的某种现象在一定时空上的情况而进行的全面调查。这种调查内容十分丰富,相对稳定。普查法通常是由专门的普查机构来主持,需要组织统一的人力和物力,确定调查的标准和时间,提出调查的要求和计划
抽样调查法	抽样调查是根据部分实际调查结果来推断总体标志总量的一种统计调查方法,属于非全面调查的范畴。它是按照科学的原理和计算,从若干单位组成的事物总体中,抽取部分样本单位来进行调查、观察,用所得到的调查标志的数据以代表总体、推断总体。对受众全部进行调查当然是最理想的,但是,受经费和操作中实际困难的制约,受众调查通常采用抽样调查的方式进行。抽样调查由于调查单位少,代表性强,所需调查人员少,工作误差比全面调查要小。特别是在总体包括的调查单位较多的情况下,抽样调查结果的准确性一般高于全面调查。因此,抽样调查的结果是非常可靠的
个案调查法	个案调查法是指采用各种方法,搜集完整有效的资料,对单一对象进行深入细致研究的方法。它针对单一个体在某种情境下的特殊事件,广泛搜集有关资料,从而进行系统的分析、推理、解释。个案调查法搜集个案资料的方法是多样的、综合的。研究中常常要综合运用测验法、访谈法、观察法等多种方法,多角度把握对象发展变化

三、对当前广播电视受众调查的思考

（一）要强化分众调查

我国目前的广电受众调查更多的是从收视收听行为、动机、评价三个层面上进行的，关心的是有多少人在看或在听、看了或听了什么节目、喜欢什么节目、是否满意等。在频道专业化的背景下，受众是在以自己的时间和注意力进行按需消费，受众调研只有突破对普遍受众一般收视行为、收视动机等表象的把握，深入探究什么人在看节目、为什么看某一节目等，才能为当前的电视发展提供有价值的指导信息。这就需要我们在研究方法上既要重视原有的抽样调查等定量研究的方法，还要强化深层访谈、小组座谈等定性研究的方法，从定量、定性两方面来实现对专业化频道受众的量和质的把握。

（二）强化受众满意度调查

应该加强针对频道或节目质量的满意度调查力度。满意度调查在很大程度上可以弥补收视率调查的不足，它可以避免纯粹追求收视率而导致的节目质量低下、社会风气败坏等弊端，实现经济效益和社会效益双赢的局面。满意度调查目前已成为继收听/视率之后各广播电视媒体的一种较为通行的做法，然而，相比较现下流行的收听/视率调查，受众满意度调查应该进一步强化。

（三）要更加注重前馈式调查

在美国等传媒业发达国家，受众调查一般分为播前、播中、播后三个阶段。有不少的节目在尚未正式播出之前，就会请一些观众来观看这些节目，通过一些测量仪器和测量方法来获得节目的目标观众群、预测节目的效果等。在节目播出的中途也会有相应的调查，一直到最后的节目播出结束，这时做的调查就能验证是否达到播前预测的效果。这种播前、播中调查，可以看作是一种前馈式调查，前馈式调查可使我们更客观、更细致地把握目标受众群的总体状况，减少节目生产时的盲目性和主观臆测性,降低节目产品的在摸索阶段的运作成本,增强传播效果。当前,很多电台电视台节目匆匆上马,播出后效果不好又匆匆撤掉,这样不仅浪费了资源,同时也伤害了受众的感情,如果能做好前馈调查,相信这样的浪费会减少很多。

四、建立合理的受众调查机制

受众调查是促使媒体对市场调研及受众定位问题加以关注并在传播实践中加以应用的重要因素。因为,应建立一套为多方认可的合理的受众调查机制,并最终通过行业标准的形式颁发并推行成为受众工作的目标。具体来讲,可以从以下几个方面予以完善。

(一)确立准确的数据采集样本户

根据我国相关研究,如果需要做全国受众调查,需要建立一个全国受众调查网络,抽取的样本要能代表全国广播电视信号覆盖区域内所有4岁以上的家庭人口。并且,在抽样之前要开展大规模的基础研究。如果是需要做省域受众调查,则需要建立省域受众调查网、调查总体为某台在全省广播电视信号覆盖区域内所有4岁以上的家庭人口。

(二)合理分配数据采集样本

由于广播电视受众数量巨大,普查是不现实的,只能选择具有代表性的样本,通过样本统计量对总体参数进行估计。从理论上来讲,样本量的确定受以下四方面因素的影响。

第一,抽样总体中各单位的差异程度。差异度越大,为保证达到一定的抽样精度,所需要调查的样本量就越大。

第二,最大的允许误差。允许误差越小,所需要调查的样本容量也就越大。

第三,抽样的方法。不同的抽样方法决定了不同的效率。

第四,人力、物力、财力等条件的限制和投入。调查单位所投入的人力、物力和财力随着样本量的增大而增大。在具体的实践操作中,允许误差和投入是此消彼长的关系,最优化的方案是达到两者的平衡,从而达到预期的调查目的。

(三)建立受众调查监督机构

受众调查行业是专业性较强的服务性资讯行业,也是一个依赖技术的行业。因此,在选择调查公司的时候,需要格外看重它的资质。一个资质良好的调查公司意味着调查数据能得到认可,能比较准确地反映受众的视听状况;相反,如果调查公司资质不够,数据的可信度较低,业内认同度不够,就很难确保节目评估的准确和客观,用这样的数据去参与节目的综合评估也就失去了意义。专业的视听率调查公司一般按照严格的操作规范进行测量,数据来源可靠,抽样方法科学。但由于市场上的调查机构背景、实力、规模、资信、市场地位差别较大,在具体的执行标准上存在很多差异。因此,建立受众调查监督机构,审核和认定受众调查公司的资质,并在其技术指导下开展工作就显得尤为重要。

第五章　广播电视的队伍建设研究

广播电视是由现代化科学技术装备武装起来的宣传工具,但这些技术装备最终是要靠人来操纵和掌握的。所以从根本上说,人是广播电视事业中最重要、最活跃的因素。人才资源是第一资源。广播电视人才是党和国家整个人才队伍的重要组成部分,是社会主义先进文化的建设者和传播者,是广播电视科学发展的第一资源。广播电视人才除了必须具备全体新闻工作者都需要的基本素质,遵守基本的新闻职业道德之外,由于广播电视有自己的行业特点,因此对从业人员还有一些特殊的职业素质和职业道德要求。因此,努力建设一支政治强、业务精、作风正的广播电视从业队伍,是使广播电视工作大改观、实现广播电视现代化的根本保证。本章即对广播电视队伍建设进行研究。

第一节　广播电视从业队伍的构成及优化

一、广播电视从业队伍的构成

从业队伍的群体结构对广播电视事业的发展现状、前景以及广播电视本身作用的发挥有着直接的甚至是举足轻重的影响。

我国的各电台、电视台状况不同,栏目不同,技术力量和设施状况参差不齐,对节目的要求也不一样,因此各部门的人员配备会不尽相同。但无论如何,电台、电视台节目制作都需要全体采编人员、演职人员和技术人员的通力合作,才可能将每一个节目都出色地完成。下面我们就电台电视台栏目中的主要工作人员进行简要分析。

（一）记者

记者是指广播电视机构中担负外勤采访报道任务的专业人员。记者是比较特殊的职业，经常要担负着紧张、繁重并且责任重大的采访报道任务。广播电视采访工作所依靠的多种技术手段更增添了广播电视记者职业的特殊性，因此对从业人员的素质和要求比较全面。

图 5-1　记者

随着广播电视业的迅猛发展，广播电视记者的分工越来越细，同时也对他们的工作提出了越来越高的要求。

（二）编辑（编导、导演）

编辑是广播电台、电视台从事组织、取舍、加工节目文字稿件和音像素材以及编制节目等工作的专业人员。由于广播电视编辑业务范围广泛，所以另有很多其他的从业人员也在或多或少地从事和接触这方面的工作。记者不但要进行一般意义上的采访报道，而且要从事画面编辑等属于编辑范畴的工作。导演更是如此，其相当一部分工作就是节目编辑，有时甚至难以将他同专职编辑区分开来。因此，广播电视界经常用编导这个词来泛指那些从事编辑业务的人。编导需要对主持人、摄像、制作等其他节目工作人员及时进行沟通，提出自己对节目的设想和要求。编导在文艺节目和电视剧中一般称为导演，具体工作一般是要阅读脚本,根据脚本写出分镜头剧本,选择适合角色的演员,检查拍摄现场的布景、灯光、道具、摄像机位等是否符合要求,并负责协调和指挥每一位工作人员,最后配合专门的编辑完成后期编辑工作。

图 5-2　编辑

(三)播音员、主持人

播音员是指广播电台(站)、电视台内主要从事播音工作的业务人员。主持人是指在广播电视节目中,以个体行为出现,代表群体观念,以有声语言为主干或主线驾驭节目进程,直接面向受众,平等地进行传播的人。

播音员播音时一般需要忠实于原稿,同时根据自己的理解把稿件播得声情并茂。在我国,播音员是先于主持人出现在电视屏幕上的。节目主持人是伴随着广播电视事业的改革和发展出现的。节目主持人的出现,使广播电视及栏目越来越人格化。栏目有了鲜活的人物形象作为品牌和标志,增强了与受众的交流,极大地丰富了节目样式,有助于优化传播效果。

串联节目内容、分析评价相关问题、现场解说、进行采访把握节目风格、控制节目进程等是播音员和主持人出场所做的具体工作。播音员、主持人出场传播使人格化、个性化传播成为可能,他们对节目各部分内容的串联增强了节目的整体感与灵活性,对问题的点评又增强了节目的深度。

图 5-3　播音员

（四）制片人

制片人是广播电视节目制作集体的总责任者,主要工作内容包括以下几方面:

图 5-4　制片人

第一,负责拟定选题与拍摄计划;

第二,组织导演、编剧、摄影、录像、录音、演员等摄制人员;

第三,协调各方人员有效率地工作;

第四,指导、监督制片工艺处理等。

在我国,广播电视实行栏目化播出,现在大多数栏目实行制片人制,即栏目制片人通常既是一个栏目组的行政主管,又是节目艺术质量的把关人。随着制播分离制度的逐渐兴起,还出现了一部分独立制片人。独立制片人一般向各制作公司、电视台承接节目制作任务,或自筹资金、招募临时班子,制成节目出售给电视机构或其他节目购买商。

二、广播电视从业队伍的优化

可以从以下几方面入手来加强社会主义广播电视从业队伍建设。

(一)要把思想建设放在首要位置

每个广播电视工作者都肩负着党的宣传工作的重任。充分发挥广播电视在社会主义物质文明建设和精神文明建设中的宣传作用,首先要求广播电视工作者有高度的思想政治修养。

(二)要继承和发扬新闻工作者的优良传统

党的新闻事业在长期革命实践中形成的鲜明特色包括以下几方面:

第一,坚定的党性;

第二,广泛的群众性;

第三,鲜明的战斗风格;

第四,严格的组织纪律性和说真话;

第五,讲真理的求实精神。

广播电视工作者不仅要继承和发扬无产阶级新闻事业的这些优良传统,还要继承人民广播事业的优良传统——延安精神。人民广播创建之初形成的延安精神的核心就是坚定正确的政治方向和艰苦奋斗的工作作风。继承和发扬延安精神是广播电视从业队伍思想、业务建设的一项重要内容。

（三）要培养具有敬业精神的专业工作者

广播电视工作的每一个岗位都应配备具有高度政治觉悟和思想水平、掌握专门知识和技能的合格人才。要培养具有敬业精神的专业工作者可以从以下几方面入手。

第一，正规学校的专业教育，可按中等、高等不同层次教育的要求，用科学的方法培养出适应广播电视工作的新生力量；

第二，岗位在职培训；

第三，在广播电视宣传实践中进行专业训练。

（四）不断对广播电视从业队伍进行科学调整

人才培养是服务于长远目标的战略措施，是广播电视队伍建设和优化的百年大计。调整的作用在于根据事业发展的需要，改变与事业要求不适应的状况，使之与现实的要求相适应。调整的目的在于建立一个有利于激励人才发挥最大积极性的机制。如果人事制度僵化，缺乏激活人才潜能的机制，其结果必然是一方面人才短缺，而另一方面造成人才积压浪费，对从业者个人、工作、事业都是不利的。因此，改革人事制度，建立科学合理的人才流动、任用、奖惩、岗位规范等一系列人事管理制度，从而建立有利于人才成长和发挥较大作用的科学的人才管理机制，对建设和优化从业队伍具有重要的意义。

第二节 广播电视媒介从业人员的职业素质

素质是指一个人在社会生活中思想与行为的具体体现。广播电视人才素质就是指广播电视从业人员为履行广播电视工作职责所必须具备的各种素质和能力，它是心理、知识、价值观、能力等诸多要素的综合体现，具有明显的专业特征。

一、广播电视媒介从业人员的基本素质

(一)政治素质

广播电视是国家意识形态的要害部门,是党和政府重要的舆论宣传机关。广播电视工作者是党的宣传工作者。我国广播电视的性质决定了广播电视人才必须具备较高的政治素质,且在人才基本素质中居于核心地位。

广播电视工作者要具备的政治素质主要有以下三个方面:

第一,广播电视工作者要有较高的政治敏感度和政治辨别力。在错综复杂的社会生活环境中,面对各种各样的问题,广播电视工作者要能够分辨出什么是正确的,什么是错误的,从而能够坚持真理,修正错误。事关政治原则问题,必须明辨是非。

第二,广播电视工作者要有鲜明、正确而坚定的政治立场。这个立场就是无产阶级的立场、党和国家的立场、人民大众的立场。

第三,广播电视工作者要有高度的马列主义的理论素养和党的路线、政策修养。自觉掌握和运用马列主义理论知识是广播电视工作者的基本政治素质之一。

加强广播电视人才队伍的思想政治工作,提高他们的政治素质,要从实际出发,建立一套完善的人才政治思想工作机制,具体包括以下几方面内容:

第一,建立一套完善的思想政治工作激励机制。

第二,建立促进核心人才发挥模范作用的制度和有效的沟通制度。

第三,在加强思想政治教育的同时,建立以针对性、实用性、开放性为重点的教育培训机制,素质教育、思想教育相得益彰。

第四,建立完善的反馈机制。

(二)人文素质

人文素质是指人们在人文方面所具有的综合品质或达到的发展程度。对于广播电视从业者来说,人文素质是不可或缺的基本素养,因为它体现了一名广播电视从业者对自然、对社会和对他人所持的基本态

度。它是一种知识和智慧,也是一种涵养和气度。在我国,广播电视从业者肩负着启迪心智、拓宽视野、愉悦情怀、更新观念的社会责任,只有具备了深厚的人文素质,以及较高的审美观和正确的人生观、价值观,才能传播先进和健康文化,提高观众的审美品位。没有人文素质做基础,就不可能产生优秀的文化作品,也不可能塑造高尚品格的人。

作为广播电视从业者,必须努力提高自身的人文素质。具体来说,人文素质包含以下几个方面的内容:

第一,要理解人文思想。人文思想是支撑人文知识的基本理论及其内在逻辑。人文思想具有很强的民族色彩、个性色彩和鲜明的意识形态特征。

第二,要具备人文知识。人文知识是人类关于人文领域的基本知识,如历史知识、文学知识、政治知识、艺术知识、道德知识等。

第三,要掌握人文方法。人文方法是人文思想中所蕴含的认识方法和实践方法。人文方法重在定性,强调体验,且与特定的文化相联系。

第四,追求人文精神。人文精神是人类文化或文明的真谛所在,民族精神、时代精神从根本上说都是人文精神的具体表现。

(三)法律素质

法律是国家的行动准则,也是现代社会经济、政治、文化实践活动赖以有序运行的准则。社会主义市场经济的实质是法制经济,广播电视正是围绕经济建设这个中心服务的,因此强化广播电视从业者的法律素质显得尤为重要。

坚定的政治立场、良好的人文素质、扎实的法律意识,是当代广播电视人才必须具备的三个基本素质,是保证广播电视各项工作有序开展的基础。

第一,广播电视肩负着普法宣传的职责,其目的在于提高每一个社会成员的法律意识。广播电视从业者要善于运用法律的眼光去分析社会、政治、经济、文化生活中的各种现象,从而强化人民群众的法律意识,提高整个民族的法律知识水平。

第二,广播电视从业者更应该增强法治观念,依据法律武器维护自己的合法权益,并避免侵害他人的正当权利。人格尊严是人权的重要组成部分,人权在民法中包括姓名权、名誉权、肖像权、隐私权和信用权,侵犯其中任何一项权利,都可能构成新闻侵权。如果广播电视从业者对这些基本法律常识都不知道,就很容易触犯法律。①

第三,将法律意识纳入广播电视人才基本素质的架构中,意味着不仅是从事法治节目采编的从业者必须具有法律素养,而且全体广播电视从业人员都应具备高度的法律警觉,自觉接受法律培训,把法治观念融入节目生产的各个环节,保证广播电视报道顺利进行。

二、广播电视媒介从业人员的职业素质

在广播电视系统中,由于分工的不同,对各个岗位的职业素质要求会有所偏重。下面仅对节目制播人员的职业素质、技术人才的职业素质和管理人员的职业素质进行简要阐述。

(一)节目制播人员的职业素质

节目传播系统的从业人员是广播电视从业队伍的主体,主要由节目制作人员和节目播出人员两部分构成,统称为节目制播人员。节目制播人员不仅数量多,而且业务素质的要求也相对较高,节目传播系统从业队伍的建设是整个广播电视系统队伍建设的核心和关键。

1. 要具有合理的知识结构

知识结构是指知识系统下属子系统的内容,各系统的结构、比例关系以及结构所产生的功能。广播电视人才每天都要同各领域的人交往,要接触到各类新闻事件。如果知识结构不合理,就会对受众产生误导。

首先,广播电视制播人员应既懂人文社会科学又懂自然科学,成为触类旁通的"杂家"和"通才"。网络技术的发展,搜索引擎的出现,为各类知识的获取提供了方便,但也增加了辨别知识准确性及信息真伪的难度。因此,广开门路,多渠道求索,可以开阔眼界,拓展知识的宽度。

其次,由于广播电视采编涉猎的领域不同,还要求广播电视从业者要成为某一领域的专家。如果说知识的"杂"可以促进节目多样性和内容的广泛性,那么知识的"专"则有助于增强新闻报道的深度,提高节目质量。

---

① 欧阳宏生,谭筱玲.广播电视学教程[M].成都:四川大学出版社,2018.

2. 要有扎实的业务技能

广播电视从业人员的业务能力可以外化为在广播电视各工作环节中去分析、解决问题的技巧和能力，业务技能应是反映信息时代要求的多项专业能力构成的业务能力体系，包含以下几个方面（表5-1）。

表 5-1　节目制播人员应具备的业务技能

应具备的业务技能	具体内容
采访写作能力	采访与写作是广播电视采编人员的安身立命之本。在广播电视传播过程中，无论技术如何发展，各栏目的文稿，各类文体和脚本的写作仍然是该行业最基本的工作环节。记者型主持人的出现，告别了口播新闻的时代，主持人既得出镜亮相，也得在幕后练好采访与写作的基本功
议题策划能力	策划是借助特定的广播电视媒体信息、素材，为实现某种目的而提供的创意、思路、方法与对策。策划是一个节目的起点，是节目能否成功的关键。无论是采写一篇新闻报道，还是经营一个栏目，抑或对广播电视机构的品牌塑造，都离不开策划
掌握现代传播技术能力	网络时代各种新的传播技术已渗透到广播电视传播领域，广播电视工作者必须具备熟练运用摄像技术、录音技术、编辑技术、多媒体技术、动画合成技术，以及卫星通信等多项现代技术的能力
跨文化传播能力	网络时代的广播电视从业人员不仅面向国内传播，更需要把视角伸向世界的各个角落，开展广泛的跨文化交流。为了实现与其他国家的平等对话，广播电视从业者要掌握最少一门外语，以方便进行外语采访或查阅外文资料
社会交往能力	广播电视从业人员必须具备较强的社会活动能力、公关沟通技巧，方能有效地与各个阶层，不同文化程度、生活经历、生活方式和人格理念的人士交流，并激发起交流对象的良性互动，配合工作任务的顺利完成
现场驾驭能力	现场具有不可知性，随着传播技术的发展、直播手段的运用，广播电视从业者面临更大挑战。从事广播电视工作，随时可能遇到突发的情况，这就要求从业者临危不乱，从容应变

3. 要有良好的精神品格

(1)精神风貌的外显

第一,要热爱广播电视工作,具有敬业精神。对一项事业的热爱是获取成功的不竭动力。

第二,要有踏实肯干的工作作风。广播电视事业的成功,要靠广电人一点一滴、脚踏实地地做事。

(2)品格修养的内化

第一,要认清自己的缺点,承认自己的不足,敢于担当和面对问题。

第二,要树立行业楷模,以此为榜样激励自己,时刻提醒自己要做一个品格高尚的人,并通过学习和艺术熏陶,使心灵得到净化。

第三,要敢于坚持原则,克己奉公,秉持公正。

(二)技术人才的职业素质

当代广播电视技术人才需要具备的职业素质主要包括两方面。

1. 专业素质

广播电视技术工作由于其专业性强,从业者必须具备通信、电子、电力、机械等方面与技术相关的专业知识和专业技能。随着广播电视技术的发展,高学历已成为未来广播电视技术人才的职业需求。

2. 心理素质

广播电视技术工作因其工作的特殊性,责任重大,要求专业人员必须具备吃苦耐劳的品格,且能胜任高强度的工作,具备良好的心理素质。

(三)管理人员的职业素质

管理人员不仅要具备和掌握广播电视各种业务的相关知识、政策,还要具备和掌握管理学知识,具备比一般业务人员更高的素质。

1. 具有全面的综合素质

第一,对自己专长的某一职能以外的其他方面职能都要有广泛的了解和把握。

第二,能够平衡政治目标、经济目标、社会目标、科技目标之间的关系。

第三,善于与各方面专家沟通,利用他们的知识与经验,增强管理决策的科学性、准确性、适应性和前瞻性。

2. 具备相应的管理能力

（1）专业业务能力

了解和掌握广播电视运行系统各部门各方面基本状况,精通自己负责管理领域的基本业务。

（2）组织、执行能力

具有现代管理理念,善于组织和调配资源,有效组织实施工作计划,并达到目标。

（3）协调人际关系能力

具备良好人际沟通能力,善于调动员工积极性、鼓舞士气,促进员工团结协作。

3. 具有良好的心理素质

广播电视管理者应具备的心理素质包括以下几方面内容：
第一,高度的责任感和成熟的心智。
第二,与时俱进的创新意识。
第三,机智灵活的应变意识。
第四,具备坚强的心理承受能力。
第五,敢为人先的竞争意识。

第三节　广播电视媒介从业人员的职业道德

一、职业道德的含义

职业道德是指在各种职业活动中调整人们之间以及个人与社会之间相互关系的行为规范和道德准则。遵守职业道德,在很大程度上要靠对职业道德的自觉意识,即提高每一位从业人员对职业道德的觉悟和按职业道德规范自己行为的自觉性。这就是我们加强职业道德教育的重要意义。

加强职业道德教育对于振奋和焕发从业队伍的精神风貌,树立与维护行业的正确形象,促进事业的健康发展,有着不可忽视的积极作用。

要做一位合格的广播电视工作者,仅仅有较好的政治素质和业务素质是不够的,还必须具备较高的职业道德修养。

二、广播电视媒介从业人员职业道德应遵循的原则

(一)一般原则

1. 要自觉地把社会效益作为工作的最高准则

广播电视工作者要本着对社会负责的态度,摆正社会效益与经济效益的关系,始终坚持把社会效益放在第一位;要从人民的长远利益出发,从国家的长治久安出发,为国家的民族团结、社会稳定、经济繁荣、文明进步等发挥自己应有的作用;绝不能用低级庸俗的节目去迎合部分群众不健康的审美情趣,更不能使广大人民群众特别是青少年受到身心伤害和毒害。

2. 要有诚挚的敬业精神

广播电视工作者应该有崇高的社会责任感和职业使命感,要以社会主义文化建设和"两个文明"建设为己任,热爱和忠诚社会主义广播电视事业。

3. 要恪守全心全意为人民服务的宗旨

在任何时候、任何情况下,每一位广播电视工作者都要把人民的利益和为人民服务的宗旨挂在心上。

第一,要敢于为人民的利益坚持好的,为人民的利益改正错的,同一切违背人民利益的思想行为和不良现象进行斗争。

第二,要及时反映人民群众的正当愿望、要求和呼声,把对党和领导

机关负责同对人民负责一致起来。

第三,要认真倾听人民群众对广播电视工作的意见,自觉接受群众的监督。

4. 要遵纪守法

广播电视所有方面的工作都要在法律允许的范围内进行。知法、懂法、守法、用法应成为广播电视工作者的自觉行动。

5. 要公正廉明

公正廉明是关系到社会主义广播电视宣传在人民群众中的声誉和形象的大问题。对广播电视工作者来说,要公正廉明应做到以下几方面:

第一,要以公心,而不是以个人好恶来判断事物的是非曲直。

第二,要站在客观的立场上,按照事物的本来面目反映事物,诚实可信,实事求是。

第三,要洁身自好、不贪不占,不用手中掌握的宣传工具和舆论宣传权力泄私愤、谋私利。

第四,不营造关系和人情网,不以宣传权做交易,为自己捞取政治的、经济的、特别是金钱上的好处。

6. 要顾大局

广播电视事业不是少数几个人的事业,广播电视宣传工作也不是只靠少数人就能搞好的,必须依靠同事之间、部门之间、单位之间以及整个广播电视系统全体从业者的共同努力。因此,一定要提倡团结、协作的精神,特别要注意发挥系统整体的优势和力量,更要提倡顾全大局的思想观念,时时、处处以宣传大局为重。要处理好个人与集体、局部与全局的关系,做到胸怀大局、立足本职、谦谅互让、携手共进。

(二)特殊原则

1. 处理好公民道德与职业道德的冲突

曾经有人为了拍摄行人摔倒的场面冒雨蹲伏在一个水坑边几个晚

上,有人在他人齐心协力救助落水者的时候只管自己的拍摄……作为记者,这些人无疑具有强烈的职业精神,但是作为普通的社会一员,他们又因为没有及时伸出援手而被指丧失了起码的公民道德。有关这些事件的争论尚无定论,只是留给我们很多思考。当别人的生命发生危险受到威胁的时候,出于最起码的人道主义,所有人首先想到的都应该是如何尽力去救助。如果是一个需要引起全社会警醒的事件正在发生或者即将发生,那么记者的两种选择都应该是合理的:选择及时加以阻止,可以避免当前这场危机,但是也许不能够警示进而排除其他的事故隐患;选择现场拍摄,可以造成强大的社会舆论,让这样的危机今后不再发生。只要没有选择仓皇逃离,或者事不关己,高高挂起的做法,记者的行为就都是可以理解的。

2. 处理好隐性采访涉及的道德问题

隐性采访是隐藏记者身份与采访目的的采访方式。通常广播电视隐性采访多采用偷拍偷录等手法,避免被采访者觉察采访活动的进行。广播电视隐性采访的难度比纸质媒体更大,但是如果使用得当,也容易取得更好的效果。但是,由于广播电视的偷拍偷录会留下对方的外貌或声音,令别人可以辨认,有可能会给被拍录者带去较大的社会影响,因此偷拍偷录有其适用的范围。一般限于报道社会不良现象或不道德行为,或者在采访违法犯罪活动时抓取罪证,有时也可以用于在公共场合偷录人们真实、生动的表现。对于那些不是被批评对象,也不愿意接受采访的人,记者如果采用偷拍就有可能造成侵权行为。另外,即使是对于那些违背社会道德甚至违法的行为,记者在偷拍过程中也应该尽量避免清晰拍摄对方的面部,或在后期编辑时对人物面部进行模糊处理,应尽量给人以重新做人的机会。①

3. 坚定地维护新闻的客观真实性

维护新闻的客观真实性是所有新闻媒体的从业人员都必须遵守的职业道德。但是广播电视因其特殊性,在维护新闻的客观真实性方面有其需要特别注意的地方,主要有以下三点:

第一,维护新闻的客观真实性要保证节目采访和编辑过程中对事实

---

① 吴玉玲. 广播电视概论[M]. 北京:中国传媒大学出版社,2007.

的真实还原。随着电子技术的普及和发展,广播电视节目中对画面和声音进行加工处理的手法也越来越丰富,尤其是非线性编辑的应用,几乎可以让编导随心所欲地处理声音和画面,因此在加工处理的过程中就更要坚持新闻节目要还原事实本来面目的原则。

第二,维护新闻的客观真实性要具备平等交流的意识。广播电视的从业人员由于掌握着备受瞩目的大众传播工具,因而经常会受到群众的尊敬和推崇,但是作为传播者必须从心底里把被采访对象和受众视作与自己平等的人,无论他们从事什么职业,处于什么社会地位。他们要做的就是采访事实的真相,还原事实的本来面目。

第三,维护新闻的客观真实性还需要注意话语权的平衡。出现在媒体上的记者或主持人掌握着采访谁,不采访谁,让谁发表观点,不让谁发表观点的权力,但是这个权力不能滥用。在法律允许的范围里,应当注意到话语权的平衡问题,也就是让对一个问题有不同意见的各方代表都能充分发表意见,这样才能更好地维护广播电视新闻的客观和真实性。①

4. 自觉抵制节目庸俗化

广播电视节目需要做得大众化、通俗化,让更多观众都能理解和接受,但这不等于说广播电视节目可以去迎合一些低级趣味。随着广播电视事业的发展,节目类型越来越多,技术条件飞速提高,广播电视节目的内容和表现手段也日趋丰富,涉及从业人员的职业道德将会不断有新内容补充进来。广播电视从业人员必须不断总结自己工作中的经验教训,不断提高自己的职业道德水平,才能更好地利用传媒为大众服务。

三、构建广播电视媒介从业人员职业道德的保障机制

传播者所具备的职业道德除了靠自我学习和自我约束外,还必须靠制度来进行约束。建构传播者职业道德的保障机制,可以从四个方面着手(表5-2)。

---

① 吴玉玲. 广播电视概论[M]. 北京:中国传媒大学出版社,2007.

表 5-2　广播电视媒介从业人员职业道德的保障机制

途径	具体内容
形成工作流程中的监督机制	形成一套行之有效的涉及新闻采访、写作和编辑的职业规范,以及相应的工作流程中的监督机制。在编辑流程中,要有制度保障各个环节的衔接,以及后续编辑必须查看原始稿件的要求,以免发生因删节、丢失等原因造成的误读
建立新闻真实的保障机制	第一,要确立忠于事实的职业理念 第二,要有证据意识
形成失实后的"更正与答辩"机制	新闻以时效性为特征,第一时间报道的事实很难保证所有细节的真实。因而,主动更正此前发布新闻中的差错,是新闻传媒的正常业务之一。一些不属于技术性差错的假新闻,报道的媒体有必要向公众道歉。发生重大的新闻失实,要追究当事人以及有责任的上级领导的责任,这就要求传媒机构内或行业内制定具体的追究责任的程序和处罚条例
组织及人员保障	传媒内部要有具体的部门和专人来监督本媒体各项职业规范的落实。实践证明,只要媒体设有专人督查,假新闻出现的案例就会明显减少

第六章 广播电视产业研究

　　广播电视产业是文化产业的一个重要组成部分,随着我国社会主义市场经济体制的建立与完善,广播电视产业经营深入发展,从粗放式的经营方式向集约化、精细化的经营方式转变。广播电视产业通过建立现代企业制度,建立与完善市场机制,提高资源配置的科学化程度等,提升产业运营的水平,不断拓展产业经营的业务与模式。本章即对广播电视产业的相关内容进行研究。

第一节　广播电视产业的特点与分类

一、广播电视产业概述

(一)广播电视产业的概念

　　广播电视产业有狭义和广义之分。狭义的广播电视产业主要指以采集、制作、生产、营销、播出广播电视节目为主的单位、机构、企业及其在市场上相互关系的集合,既包括节目制作公司、节目策划和营销公司、节目包装公司、节目经营公司、广告公司以及节目收听(视)率调查公司,也包括各层级的电台、电视台。而广义的广播电视产业,除了狭义的广播电视产业涉及的内容外,还包括广播电视系统制作、存储、传输、发射、监控、播出和接收设备的制造业。

　　通过对我国广播电视产业的实际情况分析,广播电视产业可以理解为借助无线电波或者导线生产制作传播声音和画面等传播介质企业组织和市场关系的集合。

（二）广播电视产业在社会经济中的作用

作为我国文化产业的重要组成部分，广播电视产业以其高附加值的融合性，对国民经济的发展起着不容忽视的带动作用。概括来说主要包括以下几方面。

1. 开拓产业经营

我国广播电视传媒机构在成立之初仅具有单一的政治属性，主要职能是履行党政宣传任务，其运行费用完全依靠国家财政拨款，内部机制按照事业单位设置。随着国家经济体制的改革，广播电视事业不断受到市场经济的冲击，作为一种科技含量高、成本投入大、人才要求专的行业，完全依靠国家财政拨款已经不能满足广播电视媒体生存和发展的需要。因此，广播电视传媒开辟产业化道路，通过符合国家政策的产业经营，创造更多的经济效益，并以此保障和促进广播电视事业的持续发展。[1]

2. 发挥产业带动作用，成为国民经济支柱性产业

文化产业是社会主义市场经济条件下繁荣社会主义文化的重要途径，是满足人民群众多样化、多层次、多方面精神文化需求的重要载体，也是经济社会发展的重要支撑。作为文化产业的主力军，广播电视产业对现代国民经济增长的带动作用不可忽视。

第一，广播电视产业良好态势本身不仅可以促进我国国民经济的迅猛发展，更能带动周边其他产业的共同繁荣。如广播影视基地的建设，在为广播电视产业提供基础设施、设备及制作平台的同时，可以带动周边地区旅游、餐饮、基础设施的发展，从而对国民经济起到积极的带动作用。

第二，广播电视产业属于创意产业，可为其他产业提供文化创意的相关服务，以提升其他领域产业的品牌价值和文化价值。我国广播电视产业在政府相关政策的推动下，通过市场化运作，对国民经济的带动作用已经日益凸显。

---

[1] 张振华，张君昌，欧阳宏生 . 中国广播电视学［M］. 北京：中国国际广播出版社，2018.

二、广播电视产业的特点

广播电视产业具有显著的特点,如图 6-1 所示。

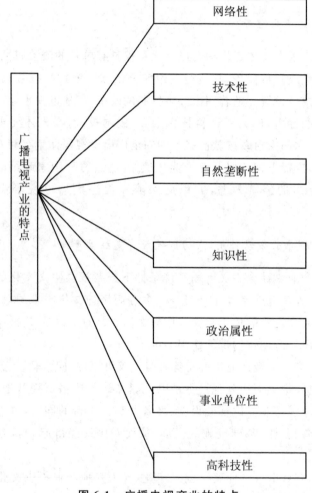

图 6-1 广播电视产业的特点

(一)网络性

与其他文化产品不同的是,广播电视产品的传播以光或电信号传播为主,从发射端到接收端是一个连续完整的网络。传播的载体有无线广播电视发射台、有线广播电视网、卫星广播电视网、互联网、通信网等。

(二)技术性

广播电视产业是在现代电子技术发展的基础上产生的。广播电视产业的大发展也是层出不穷的新技术推动的结果。从黑白电视到彩色电视技术、从摄像技术到磁带记录技术,再到后来卫星传播技术、大规模集成电路技术、互联网技术等的发明与应用,不仅扩大了广播电视的传播范围,改变了广播电视节目的制作方式,还丰富了广播电视产业的内涵,扩大了广播电视产业规模,形成了新的广播电视产业形式,并拓展了广播电视产业的发展领域。在广播电视产业经营中,技术不仅是媒介实现经营目标的必要条件,先进的技术装备还是传播媒介在激烈的竞争中制胜的重要法宝。①

(三)自然垄断性

广播电视产业历来被认为是具有自然垄断特征的行业。自然垄断是指由于规模经济效益、网络经济效益、资源稀缺性、范围经济效益、沉淀成本等技术和经济方面的原因而形成的一个产业由一家企业完全垄断或少数几家企业寡头垄断的经济现象。与西方国家广播电视双轨并行体制不同,我国没有私立广播电视机构,广播电视全部为国家投入的公共体制,实行严格的进入管制。广播电视的主要资金来源的相当一部分是财政拨款。

(四)知识性

从某种意义上讲,广播电视产业是生产信息、知识和娱乐的产业。广播电视产品和其他文化产品一样,是以文化、创意理念为核心,更富于精神性、文化性、娱乐性、心理性的产品。广播电视产品由多知识、多学科和多文化背景的专业人士生产制作,存在于具有表意及象征意义的音像之中,是制作人的知识、智慧和灵感在特定行业的物化表现。这种非

---

① 吴玉玲. 广播电视概论[M]. 北京:中国传媒大学出版社,2007.

物质的内容,既能传播知识和信息,又能弘扬文化,是知识产权的转移。

(五)政治属性

广播电视产业拥有较强的政治属性,是社会主义精神文明建设的重要阵地和载体,必须始终坚持"社会效益第一"原则。另外,广播电视作为精神文化产品,与物质产品一样都要遵循价值规律,通过市场来实现自身的价值,但同时它又与物质产品不同,要受政治、思想、道德等方面的制约和影响,必须重视精神价值的导向,力求实现二者统一。

(六)事业单位性

广播电视承担着把党和政府的声音传入千家万户的重要政治任务和满足广大人民群众日益增长的精神文化需求的公共服务任务。根据国家有关规定,现有广播电台、电视台和广播电视台全部为事业单位,各省成立的广播电视集团、广播电视总台也仍然是事业性集团或单位。

(七)高科技性

广播电视是科技进步的产物,在广播电视的采集、制作、播出、传送、接收等各个环节都包含了大量的高科技。每一次科学技术的变革,都直接对广播电视的生产力乃至生产关系带来深刻的变革。有线电视、卫星技术、数字技术、移动技术等的运用,极大地拓展了广播电视传播渠道,全面提升了广播电视传输、接收和播放质量,使广播电视实现了从单向传播向双向互动转变,从固定接收向移动接收并存转变,从单一接收功能向多媒体多功能信息终端转变等一系列重大的变化。

三、广播电视产业的分类

根据不同的标准可以将广播电视产业分为不同的类型。①

---

① 杨国瑞. 中国广播电视产业媒体融合研究[D]. 北京交通大学,2017.

（一）根据产业分工进行分类

根据产业分工，可以将广播电视产业分为三大领域。

1. 内容产业

内容产业具体包括广告、电视剧、影视动画、纪录片、节目制作等。

2. 传输产业

传输产业具体包括有线、无线和卫星等。

3. 会展产业

会展产业具体包括各项广播影视展览等，比如中国国际广播影视博览会、中国国际广播电视信息网络展览会，上海国际电影节、上海电视节、杭州国际动漫节等。

（二）根据产业内涵进行分类

根据产业内涵，可以将广播电视产业分为狭义和广义两种。

1. 狭义的广播电视产业

狭义的广播电视产业包括广播电台、电视台、广播电视台、节目制作机构、传输机构等以制作、生产、播出、监测广播电视节目为主的组织，这些都属于第三产业范畴。

2. 广义的广播电视产业

广义的广播电视产业还包括与广播电视相关的设备和软件制造业，包括第二产业相关范围。

（三）根据产业链条进行分类

根据产业链条进行分类，广播电视产业可以分为生产制作、交易销售、节目播出、节目传输、拓展衍生等。

1. 生产制作

生产制作主要是指广播电视节目内容的创作、生产、制作,主要由民营制作公司、境外节目制作公司、国有企业、传媒上市公司以及个体等完成。

2. 交易销售

交易销售主要是指广播电视节目从生产到市场流通的重要环节,此部分主要包括节目销售商等。

3. 节目播出

节目播出主要是节目内容与受众见面的环节,此部分主要包括广播电台、电视台、新媒体平台等。

4. 节目传输

节目传输主要是将节目从制作方或播出方传送至节目接收终端的过程,此部分主要有广电网、电信网、互联网、卫星网等。

5. 拓展衍生

拓展衍生主要是广播电视节目价值进一步挖掘与创造的过程,这一部分主要包括衍生产品市场、增值服务市场和广告市场等,其主体主要有软件开发商、文化创意商、设备制造商等。

第二节　广播电视产业发展的机遇与市场体系

一、广播电视产业发展的机遇

任何事物的发展都取决于环境条件,环境条件很大程度上取决于政策,而政策则取决于决策层的理念与对发展情势的判断。近年来,有关决策层对广电产业的地位、作用的认识不断深化,理念不断创新,这为新阶段中国广播电视产业发展带来了巨大机遇(表 6-1)。①

表 6-1　新阶段中国广播电视产业发展的机遇

机遇	具体内容
政策支持	目前广播电视产业政策的支持主要体现在准入进一步放松、影视剧和非新闻类节目制作业均向民营资本开放几方面。影视剧制作主体绝大多数是民营企业,有线网络分配网建设、广播电视节目交易、视听新媒体等领域,也为民营资本提供了广阔空间;财政资金扶持力度加大,中央和省两级均设置了文化发展专项资金和发展基金,为广播电视产业项目提供支持;优惠税收政策进一步健全配套;各种优惠政策不断健全,形成了文化产业发展的整体政策优势
体制突破	在有关改革政策的引导支持下,广播电视产业体制改革已经迈出重大一步。广播电视管理机构改革、电台电视台合并、制播分离、有线网络整合等改革措施步步推进,夯实了广电新体制的基础。有些电台电视台市场竞争意识、创新意识强,抓住机遇,创造性地推进改革。比如,上海、湖南、江苏等省级电视台将经营性业务从事业平台中整体分离出来,成立产业集团,打造各具特点的产业结构,极大地促进了广播电视产业的发展
融合发展	在改革政策的支持下,市场竞争带来了有关省台的跨区域合作和融合发展,这突破了传统体制的限制,跨区域进行资源整合与业务运营,积极探索跨地区、跨行业、跨所有制兼并重组,打造广电产业领域战略投资者。与此同时,在数字化和网络化的推动下,有线网络功能重塑,业务范围将不断拓宽,从过去的传输渠道向内容平台、服务平台发展,从单向化向交互化、从传输网向服务网、从单功能向全功能演进;广播电视台也将从唯一的节目播出机构变为播出机构之一,传统体制下的垄断优势渐失。广电媒体经过介入、合作阶段之后,将实现与新媒体的全面融合,为不同用户和不同环境中的用户需求提供全天候的服务。传统广播电视产业在体制松绑和新技术力量的双重推动下,面临前所未有的发展机遇和空间

---

① 杨明品. 中国广播电视产业发展的创新与变革[J]. 社会科学战线,2013.

机遇	具体内容
新一轮转型升级已经启动	在多重力量的推动下,广播电视产业发展转型已经启动。这是一个综合性的转型阶段,包括一元性的事业体制向二元性的事业产业体制的转型;广电大国向广电强国升级;产业发展从粗放型向集约型升级,影视制作从数量规模型向质量效益型升级,产业链条从短窄型向长宽型升级,产业增长从资源型向创新型升级,产业主体从分散型向聚合型升级;补缺型与覆盖服务型的公共服务向普惠型与内容服务型升级;单一媒体向融合媒体转型;广电产业政策日趋配套,渐成体系,行政调控与市场调节双管齐下,管理和调控的质量导向与创新导向得到强化和常态化。在全面转型的新阶段,广播电视产业的各个主体几乎站在同一起跑线上,产业链的各个环节和领域均存在许多机遇,这就为广播电视产业改革创新提供了无限可能

二、广播电视产业市场体系

作为文化产业的重要领域,广播电视要充分发挥市场在广播电视资源配置中的基础性作用,建立健全统一、开放、竞争、有序的现代广播电视市场体系。

(一)广播电视产业市场主体的建设和完善

加大力度培育合格的广播电视市场主体是中国广播电视产业发展突破瓶颈的关键节点。广播电视市场主体的培育要根据实际情况,采取适用自己的模式(图 6-2)。

1. 转企改制,塑造市场主体

中国广播电视产业的市场主体以国有运行机构为主,是隶属于党政机关之下的事业单位和企业。国有市场主体是我国广播电视产业发展的主力军。根据文化发展政策的引导,广播电视领域初步进行合理分类,实施不同的政策,运营主体也开始进行转制。按照文化发展政策,经营性资产如娱乐节目、广告、有线网络,等等,经剥离后走向市场,逐步建立起现代企业制度,通过市场来调节资源的合理配置。广播电视节目制作、广告经营、网络传输是主要剥离形成市场主体的产业环节。随着制播分离的提出,一些广播电视台成立了下属的节目制作公司和广告代理公司进行经营;各级广电部门成立了有线网络公司及卫星公司进行网络传输经营,并将剥离出来的产业公司改制为市场主体,使其拥有一定经营权。这些公司确立市场主体的身份之后,展示出较强的活力,在效率优先的原则下进行公司制的制度建设,在市场竞争中不断增强实力。

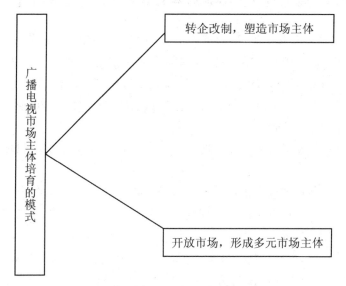

图 6-2　广播电视市场主体培育的模式

2. 开放市场,形成多元市场主体①

对于我国广播电视产业来说,对系统外与国外资本的适度开放,有利于充分吸纳和利用社会资源发展,形成公平竞争、开放有序的市场环境,促进广播电视产业市场的繁荣。

---

① 张振华,张君昌,欧阳宏生. 中国广播电视学[M]. 北京:中国国际广播出版社,2018.

转制为企业的国有市场主体进入资本市场是多元市场主体形成的重要途径之一。通过参与资本市场,广播电视产业的市场主体才能摆脱旧体制,完善自身治理结构,不断探索经营管理体制创新路径,培养真正的市场主体。随着广播电视产业开放程度的加大,社会资本进入广播电视产业,节目制作是民营市场主体进入广播电视产业的突破口。随着国家广电政策逐步开放,社会节目制作公司不断发展,成长起一批以华谊兄弟、海润影视等为代表的民营市场主体。民营市场主体的出现及发展,初步形成了广播电视产业多元化竞争的局面,有助于我国广播电视产业的升级发展。

(二)广播电视产业市场体系的建设完善与机制转型

市场体系包括消费品市场、生产资料市场、劳动力市场、资金市场等分类市场,它们相互联系、相互制约,共同构成市场有机整体。没有完整的市场体系就难以完满地实现市场有效配置资源的功能。经过多年培育和建设,中国广播电视产业市场已初具规模,市场体系初步形成,主要表现在以下几方面。

第一,基本形成以广播电视节目为核心的广播电视产品市场和服务体系。

第二,构建劳动力市场,初步实现劳动力能上能下、能进能出。

第三,多种所有制成分共同建设广播电视市场的投资体系,拓展了包括内部融资、外部融资、外资、资本市场和银行贷款等多种资金渠道。

第四,以《广播电视管理条例》等行政法规为主体,以部门规章和地方性法规为依托的广播电视市场法规体系初步建立。

第五,综合运用法律、行政、科技等手段的市场管理体系及知识产权保护体系逐步完善。

1. 广播电视产业要素市场

广播电视产业要素市场如表6-2所示。

表 6-2　广播电视产业要素市场

构成要素	具体内容
广播电视产业 资金市场	资金是重要的生产要素,广播电视产业是一种高投入的产业类型,特别是信息技术的发展要求广播电视产业进行升级换代,这需要大量的资金投入。不仅仅是国有广播电视媒体,其他资本的广播电视产业市场主体都需要大笔资金的投入,以抢占发展先机。广播电视产业在资金市场方面的拓展主要是对系统外与国外资本有限度开放,并且参与资本市场。如广电板块的中视传媒、电广传媒等上市公司,通过多次融资,募集了大笔资金,有力支持了广播电视产业发展
广播电视产业 节目市场	广播电视产业市场体系发轫于节目市场,节目市场一直不断进行流通制度的创新。目前,我国广播电视节目流通市场主要依靠各种广播影视节展,其中较有影响力的有中国国际影视节目展、上海国际电视节、深圳文化博览会等。这些节展不仅搭建了广播电视节目展示的平台,而且提供了节目交易的平台。目前我国广播影视节展都是由政府部门或宣传部门主办,各个节展也在努力进行与市场接轨的尝试,特别是节目的评奖活动更加能体现市场的信息。广播电视节展的功能设置更加多元,品牌节展已经成为广播电视行业的市场盛会。随着互联网的迅速发展,广播电视节目的网络交易平台不断兴起,为节目流通提供一站式服务
广播电视产业 人才市场	人才是广播电视产业重要的生产要素。劳动力市场的形成有利于人才自由流动和优化配置。近几年,我国广播电视行业的人才流动日趋频繁,劳动力资源不仅在广播电视媒体之间的流动成为常态,并且国有媒体人才只进不出的情况也被打破,行业优质人才从体制内跳出的现象频频出现。由此可见,我国广播电视产业劳动力市场正在逐步形成,需要进一步通过制度改革和政策引导,壮大广播电视产业人才市场,按照市场需求进行劳动力资源配置

2. 广播电视产业机制转型

市场机制是指市场运行过程各构成要素和各个环节相互联系、相互作用的制约关系,以及各要素功能组合形成的综合功能。目前,中国广播电视市场各环节运行过程中,行政干预的成分较多。因此,要积极推动机制转型,让市场机制发挥调配作用,实现资源的优化配置(表 6-3)。

表 6-3　广播电视产业机制转型[①]

广播电视产业机制转型	具体内容
广播电视产业竞争机制	市场体系需要通过竞争机制来实现各项资源的最佳配置。制播分离改革是广播电视节目市场建立竞争机制的关键。值得一提的是,在电视媒体的激烈竞争之下,电视剧的传统购销模式有了新发展,"制播携手"成为电视剧业界的热点。电视剧制作方和播出方之间深入的战略合作正是深化制播分离、转换竞争机制的结果。广播电视节目制作环节不具有自然垄断性质,因而可经营的节目应该利用社会资源,实现社会化和商业运作。 除节目市场竞争机制以外,广播电视产业的资金市场、人才市场也面临着竞争机制的转换。只有在资金市场制度创新的基础上,广播电视产业各种市场主体才能公平地争取各种资金的支持。劳动力市场则需要经过各个广播电视市场主体的用人制度改革而形成激励机制和竞争机制,逐步实现人力资源的优化配置。近年来,广播电视市场在跨区域合作、共享资源方面取得较大进展,广播电视媒体在多方面的跨地域的合作项目不断增加,合作方式不断创新。广播电视市场通过单项业务或委托运营的方式实现了广告资源、人才资源、节目资源和管理资源的横向优化配置,在一定程度上突破了区域之间的机制障碍

---

① 张振华,张君昌,欧阳宏生.中国广播电视学[M].北京:中国国际广播出版社,2018.

续表

广播电视产业 机制转型	具体内容
广播电视产业 价格形成机制	价格机制的作用是均衡价格以结清市场，并以此作为最重要的经济信息引导社会的资源配置。目前，广播电视市场体系的价格形成机制主要涉及广播电视市场主体之间产品的交易价格及其产品与消费者(受众)之间的交易价格。但是，价格形成机制转换是中国广播电视市场体系建设的薄弱环节。广播电视播出平台具有垄断性，节目供应商在价格谈判上处于弱势，节目交易价格往往不能体现其生产成本 随着数字化技术的推进，广播电视产业中出现了付费电视等产品类型，付费电视价格形成机制的建立影响着该产业类型的发展状况。经过市场培育期，各运营商开始积极探索付费电视创新产品形态与价格形态。需要重视的是，广播电视产品价格机制的转换，要求有科学合理的评价体系和评价机制与之相适应；同时要建立行之有效的价格监管机制以提供必要的保障。类似广播电视市场风险基金的价格补偿机制，将为广播电视产品发行市场进一步增强抗风险能力

第三节　广播电视产业的经营内容与战略

一、广播电视产业的经营内容

经营，在经济学上是指社会上某一组织或个人以盈利为目的，在社会商品的生产领域和流通领域内进行的社会活动。广播电视产业经营即指在广播电视产业中，媒介组织以盈利为目的，为社会提供有关信息、娱乐产品或服务等综合性活动。根据广播电视产业构成，广播电视产业经营的核心内容主要包括广播电视节目经营、广告经营和网络经营(图 6-3)。

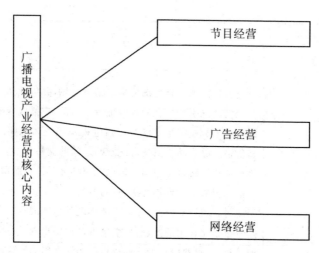

图 6-3　广播电视产业经营的核心内容

（一）广播电视节目经营

节目生产经营是广播电视产业的主营业务,是综合实力的最重要体现,对产业的发展起着举足轻重的作用。广播电视节目经营必须拓展发展空间,开拓新的市场生存空间。广播电视的市场竞争核心在于传播力竞争,即通过内容来占领市场,获取受众关注,取得竞争优势地位。广播电视产业经营必须提高节目生产的专业化和社会化水平,这是提高竞争力、取得市场优势的决定性因素。必须对传统的多、散、小、全的节目生产方式进行彻底改造,合理使用广播电视资源,促进我国广播电视生产力发展,积极参与国际竞争。概括来说,广播电视节目可以从以下几方面入手进行合理经营:

1. 形成社会化节目生产链条

广播电视节目生产的社会化,是集约化、规模化的助推器。节目生产的集中化、社会化已经成为解放和发展广播电视生产力的必由之路。实施广播电视产业的规模生产、集约经营,充分发挥广播电视生产要素的最佳配置和最佳效益,从简单协作到专业合作,从单一生产到工业化批量发展,是节目整体生产社会化不断发展的必然过程。

第一,随着节目生产社会化程度的提高,市场主体间的重组、并购将越来越频繁,并推动资本和资源向优势传媒集团适度集中,形成一批优势传媒和战略投资主体,加快广播电视产业转型升级,提高产业集中度。

第二,节目生产社会化,还可以拓展辐射广播电视产业的经营范围,如可以与文化娱乐业、音像、网络,以及传统的戏剧、电影等文化产业形成业务关联,拓展这些产品生存和发展的市场化,而广播电视节目自身也可以从这些产业中吸收资源,提高自身生产制作水平和节目质量。

第三,将从根本上提高广播电视节目生产效益,整体逐步走向专业化、规模化发展,更有利于打造强势产业媒体,形成我国节目交易市场生产、销售的核心主体,为广播电视产业的发展打下基础。

2. 建立渠道化节目销售模式

节目渠道化销售是广播电视产业发展整体战略的重要支撑。广播电视节目的销售渠道,是指节目产品从节目生产者向消费者即受众群体转移所经过的渠道或途径,涉及节目市场推广策略、盈利模式、营销渠道建立、市场推广等方面。节目销售渠道的起点是生产者,终点是受众,中间环节包括各种节目批发商、零售商、商业服务机构等。

我国广播电视节目在节目商业化运作模式方面,通过政策体系、价格体系、盈利模式的设计,使经销商、分销商、零售商遵循交易原则自由交易。同时,可以利用已形成的传媒或者节目的品牌运营商,通过其市场资源的分配和操控,对各级市场进行刺激、调控和推动。总体来说,就是要充分形成节目销售渠道的拓展模式、运营模式、管理模式,集合成渠道分销与控制模式,确保节目销售渠道拓展的有效性。

3. 实现节目资源合理配置

广播电视节目资源配置主要涉及两个方面。

(1)资源在空间或不同部门间的最优配置

具体表现在广播电视传媒应当把主要力量放在新闻及强势节目上,并将可以实现社会化生产的部门脱离,组建节目制作公司,实现部分节目的制播分离,如可以将娱乐性、服务性节目进行市场化运作。

(2)资源的时间配置

即要合理配置频率频道节目播出时间资源,实现节目生产、播出合理有序、科学有效,并通过优胜劣汰和兼并重组,形成一批符合社会化生产需要的广播电视节目生产和市场经营主体。

(二)广播电视广告经营

广告经营是广播电视通过节目的收听/收视率吸引广告主投放广告的一种经营活动。

广播电视广告经营和节目经营关系密切。由于广告收入的多少主要取决于接触广告信息的受众人数及其特征,广播电视节目吸引受众的能力以及受众"质量"就显得至关重要。拥有较高收听/收视率或与广告商目标消费群体相对应的广播电视节目,能够吸引广告客户进行广告投放。而广告收入越多,广播电视媒介就越有实力制作或购买更好的节目,从而进入一种良性的循环。

广播电视广告经营与广告制作效果与编排技巧也有很大关系。广播电视的高普及率和高覆盖率,使广播电视广告信息的传播具有较大的覆盖面。但是,广告的过分表演、过度的承诺、超长的广告时段以及受众的非选择性的被动收视,也容易使受众反感,并产生抗拒的心理。因此,广播电视广告经营中如何优化广告时段,保证广告效果,减少负面效应,是广播电视媒介和广告商必须共同重视的问题。①

随着媒介广告市场竞争的日趋激烈,广播电视广告经营中,主动推销已显得越来越重要。不断增加的广播电视频率频道以及由此带来的节目制作压力,都需要经费的支持,广播电视节目质量的提升也有赖于技术设备的更新。在激烈的竞争环境中,媒介已不可能坐等广告客户上门,主动出击、进行广告营销成为广播电视媒介的必然选择。

广播电视广告经营还要重视广告服务质量和客户关系管理。如今,广告市场已转变成为买方市场,企业的广告投放越来越理性。在这样的市场态势下,媒体应想方设法为广告客户提供高品质服务。当广告客户有投放意向时,广告销售人员应及时向客户提供相关媒体信息和广告建议,帮助客户完成广告投放计划;广告播出后,媒体还应根据广告时段的紧俏程度和淡旺季,按照客户要求适时调整广告时段。目前,中央电视台、北京电视台等已开始尝试实施客户关系管理系统。客户关系管理系统通过搜集广告客户的产品、市场需求、广告投放历史等多种信息资源,

---

① 吴玉玲. 广播电视概论[M]. 北京:中国传媒大学出版社,2007.

将客户分成不同的关系层次,从而针对不同的客户,提供个性化、差异化的服务,以最大限度地保持和提高客户的忠诚度。①

我国广播电视产业的广告经营管理模式主要有统一经营管理制、统分结合经营制、混合经营制、广告经营公司制等四类(图 6-4)。

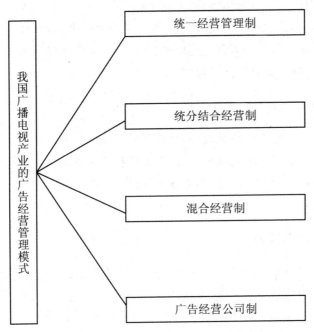

图 6-4　我国广播电视产业的广告经营管理模式

1. 统一经营管理制

统一经营管理制是指由广播电视台的广告经营中心或广告中心集中经营广告资源的运营模式,即在整合所有频率、频道的广告资源后,进行统一经营管理。这种模式具有传统事业体制的稳定性特点,旨在避免内部各频率频道之间以价格为主要手段的竞争,提高广告销售单价,提升整体竞争力。

2. 统分结合经营制

统分结合经营制是指将广告经营权分配到部分或全部频率频道,由

---

① 吴玉玲 . 广播电视概论[M]. 北京:中国传媒大学出版社,2007.

频率频道设立自己的广告部,广告中心具有管理权和审核监督权。随着我国广播电视台频率频道的增多,由管理部门负责整体频道运营的模式不能再满足广告经营需要,导致频率频道广告经营多数处于各自为政、无序竞争、增长乏力的状态。在这种情况下,产生了一种新的广告经营模式,即由广告中心统筹管理,各频道频率分别经营,体现在由广播电视台对全台宏观层面的广告经营进行统一管理和监督,频率频道具体负责内部微观层面的广告运营。这使电台、电视台的广告经营既有统一有序的管理,又拥有相对独立经营的空间。①

3. 混合经营制

混合经营的广告经营模式,是伴随着文化体制改革和加快发展广播电视产业的政策要求而出现的,是前面两种模式的综合。这种混合经营制形式灵活,能够区别对待,在具体操作中可以做到统而不死、活而不乱。

4. 公司化经营

公司化经营,即由广播电视台引入外部资金成立广告业务公司,广告中心由传统事业体制改制成为广告经营公司,具有法人地位,是独立的经济实体。目前,统一管理、公司化经营有两种模式:一种是相对公司化,一种是完全公司化。相对公司化是在广播电视台的广告中心名下成立广告公司,采取公司制的形式来运营,但其上层单位仍然是广播电视台。一般由电台、电视台台长兼任公司法人,广告经营部门负责人一般同时兼任公司总经理。完全公司化是指把广告业务剥离出来,设立广告公司,作为独立子公司或控股子公司,全面负责广告经营。公司化运营可以以市场为主导,按照现代产权制度、现代企业制度进行企业化运作。通过吸收资金获得经验与活力,有效利用社会资源,降低经营风险。

(三)广播电视网络经营

广播电视网络主要指由有线电视线路、卫星广播电视上下通道以及

---

① 张振华,张君昌,欧阳宏生.中国广播电视学[M].北京:中国国际广播出版社,2018.

微波电路等构成的广播电视传输网络,广播电视网络蕴含着巨大的经济潜能,是广播电视节目播出和信息传递的基本条件,是广播电视产业的基本组成部分。其中有线电视网和卫星直播电视以相对成熟的付费收看的方式,已成为广播电视产业的重要组成部分。

1. 有线电视网络经营

有线电视是高科技发展的产物,蕴涵着多种适应并推进现代化生产和生活方式的作用和功能,具有巨大的经济价值。在我国,广大受众特别是城镇居民都是通过有线电视传输网络来收看电视的。经过多年的发展,我国有线电视网络已经由最初的共用天线系统,经过闭路电视系统阶段,发展到今天的全新的光纤同轴电缆混合(HFC)网络系统。

有线电视网络经营包括有线电视网络的建设开发、经营管理和维护,电视节目收转、传送服务,数据信息信息服务和交互服务等方面。在有线电视网络经营中,网络建设是有线电视生存和发展的基础。没有有线电视网络,有线电视的其他服务就失去了根基。广播电视节目收转、传送服务是广播电视网络经营的基本内容,主要包括有线电视网络维护费和付费电视节目收视费。此外,数据信息服务和交互服务也是有线电视最具潜力的利润来源。数据信息服务不仅包括图文电视形式的股票信息服务、高速数据广播、网络接入,而且还包括计算机联网服务在内的多媒体服务业务。交互式点播和增值服务也将使有线电视运营商获得更多利润来源。

2. 卫星直播电视经营

卫星直播电视是由设置在赤道上空的地球同步卫星,接收卫星地面站发射的电视信号,再把它转发到地球上指定的区域,由地面接收设备接收供电视机收看。

我国卫星直播电视发展起步较晚。1999年才开始卫星直播试验。建设直播卫星平台的目的是解决我国电视人口覆盖盲区和有线电视覆盖不到的边远山区的节目接收难的问题。完整的直播卫星产业链,包括从事卫星转发器租赁业务、节目传送业务、卫星直播试验平台和境外卫星电视节目监管平台运行及卫星专用接收设备的制造和销售等。节目传送业务是直播卫星的核心产业,其外延层还将带动着卫星制造业、发射业、接收设备制造业等相关产业。随着技术的发展,直播卫星从原先仅发送视声频节目扩展到传输数据、交互电视、高清电视及因特网连接、多媒体广播等服务。

二、广播电视产业的经营战略

经营战略是企业面对激烈变化、严峻挑战的市场竞争环境,为求得长期生存和不断发展而进行的总体性谋划。广播电视产业在发展过程中主要形成了多种经营战略模式,在广播电视产业经营的实践过程中,多种战略可以并行使用(图 6-5)。

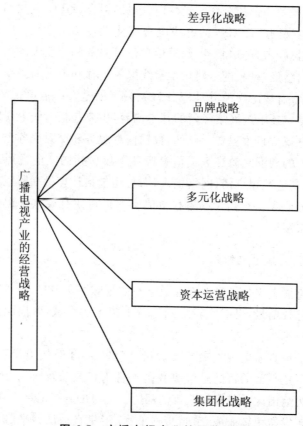

图 6-5　广播电视产业的经营战略

(一)差异化战略

差异化战略是指企业凭借自身的技术、管理、经营、开发等优势,开发和生产出在价格、功能和质量上明显区别于市场上其他竞争产品的创新产品,并使创新产品与消费者的不同需求相吻合,是现代企业进行市场合作与竞争的重要手段。

1.找准差异化定位

差异化战略的实施,其核心诉求和基本逻辑出发点是受众的需求,应当真正把产品的特殊之处与受众差异化的需求结合起来,为受众创造差异化的价值满足。因此,广播电视产业差异化战略的实施要求运营者能够洞察传媒市场的竞争态势,找到市场的空白点、产品的空缺点,力求形成与竞争对手的差异优势。对差异优势的判断并非主观臆造,而是建立在科学、全面、专业的市场细分和调查统计的基础上。

2.系统性实施差异化战略

差异化战略的系统性要求广播电视产业为了在市场上具有核心竞争力,占据不可替代的竞争地位,产业经营管理应该将视野向前延伸到产品的市场需求分析、相关技术的发展态势分析,以及产品的研发;向后延伸到受众接受效果的调研、针对受众的衍生服务。按照全程管理的要求,广播电视产业的差异化战略必然涉及受众与竞争市场的调查与分析、节目研发、节目生产与传播、技术支持、后勤保障、销售与推广、受众维护、公关活动等具体的业务范畴。对所有这些运行内容都应以严格细致的科学手段进行管理,以增强在市场中的竞争力,使广播电视产业经营主体在激烈的市场竞争中立于不败之地。差异化战略的系统性就是要在市场细分的基础上,针对目标市场的个性化需求,建立起差异化和个性化的核心竞争优势。

(二)品牌战略

品牌战略即是企业将品牌作为核心竞争力,以获取差别利润与价值的经营战略。在竞争激烈的市场环境中,品牌战略已成为一些企业纷纷运用的利器,取得竞争优势并逐渐发展壮大,从而保障长远发展。

1. 广播电视品牌的层次性

广播电视品牌分为三个层次，即电台、电视台品牌，频率频道品牌，节目栏目品牌。这是由我国广播电台、电视台的组织架构和运行特征决定的。

（1）电台、电视台品牌

电台、电视台品牌是广播电视品牌的最高层次，重点在于整体实力的积累、整体形象的塑造。

（2）频率频道品牌

频率频道品牌是广播电视品牌的核心层次，从受众角度看，频率频道是受众"消费"广播电视的最直接的对象。从广播电视媒体经营管理角度看，现在的频率频道是广播电视媒体的基本经营单位、基本的核算管理单位。

（3）节目栏目品牌

节目栏目品牌是广播电视品牌的基本层次，节目栏目是广播电视播出内容的最基本的单元，也是受众对广播电视节目记忆的最基本单位，节目栏目品牌建设具有最直接的意义。

2. 广播电视品牌战略的实施

第一，分析行业环境，寻找区隔概念和市场差异点，确定广播电视媒介的品牌定位。广播电视媒介品牌的定位要对市场环境和受众群体进行科学的调查分析，从而形成优化的多层次的节目栏目、频率频道以及媒介的品牌矩阵。广播电视媒介通过风格化的品牌定位，形成内在稳定的传播形态与传播特质。

第二，顺应行业发展潮流，有步骤地开发新的资源，充分挖掘品牌价值。传媒行业在技术推动下日新月异，出现了众多新兴的传播渠道和媒体形态，广播电视产业经营主体要密切关注行业发展前沿，依托原有品牌号召力，迅速切入新的传播领域，维持竞争优势，始终占据市场竞争中的一席之地。

（三）多元化战略

多元化经营即多样化经营，是企业在多个相关或不相关的产业领域同时经营多项不同业务的战略。广播电视产业经营主体在实施多元化战略的同时,要把握好"主业凸显原则",处理好核心业务与非核心业务的关系。

广播电视节目经营、广告经营与传输网络经营是广播电视产业的核心业务,其他多样化业务都依托于核心业务。广播电视产业要保持核心竞争力,取得市场中的优势地位,就要大力培育核心业务的能力,突出主业优势,合理科学地进行业务发展和扩张。因此,广播电视产业经营主体在实施多元化战略的选择上,应当以核心业务为切入点,凸显主营业务,确定自己的市场定位,形成竞争优势。紧紧围绕广播电视的核心主体经营业务,形成关联产业链,对于自身不熟悉的房地产、金融等资金要求高、竞争激烈的产业进行投资开发时应当慎重对待。

(四)资本运营战略

资本运营战略是指资本所有者或经营者将投入生产经营活动中的资本,与其他生产要素相结合,优化配置,进行有效运营,以实现理想的盈利和价值增值所进行的长远性的谋划与方略。我国在推进文化体制改革过程中,相继出台了《文化产业振兴规划》《关于金融支持文化产业振兴和发展繁荣的指导意见》等政策文件,给广播电视产业发展带来了前所未有的机遇,也为广播电视产业与资本市场的结合指明了发展方向。根据相关政策,广播电视产业经营主体逐步增强资本运作的意识,积极通过资产重组、债转股、租赁经营、托管经营、参股、控股、交易、转让等各种途径,优化配置资源,提高了资本运营效率和收益。

1. 资本运营的主要方式

资本运营是资产经营发展到一定阶段的产物,也是资产经营的高级形态。在资本市场中,重组、并购和上市是媒介资本运营的主要方式。

(1)重组

重组是指将广播电视产业主体所拥有的诸如所有权、资产、负债、员工、业务等进行重新组合,是将稀缺资源优化配置的资本运营形式。通过对要素资源的再组合和再调整,提高整个产业的运行效率。

(2)并购

并购是兼并和收购的合称,就是把企业当作商品来进行买卖。这是世界传媒集团经常使用的资本运营方式,通过不断并购实现企业的快速成长。并购的模式主要有横向并购、纵向并购、混合并购三种。

①横向并购

横向并购是指在生产或销售相同或相似媒介产品的企业之间的并购行为,这种资本运营方式可以帮助产业主体在产业发展初期迅速实现生产和资本的集中,通过规模经济降低成本,扩大市场份额。

②纵向并购

纵向并购是处于产业链上下游的企业之间的并购,这种可加强产业链环节的相互配合,实现了产业价值链的贯通。

③混合并购

混合并购即是对其他产业的并购行为,可实现经营的多元化,从而调整优化产业结构,分散经营风险,创造企业收益。

(3)上市

上市就是通过对资产进行分离和重组,向社会公开募集股份,在证券市场挂牌交易的资本运营方式。培育广播电视产业主体上市交易,对于破解企业融资难题、加快建立现代企业制度、做大做强优势产业、推动产业结构化调整和经济发展方式的转变,具有重要意义。

2. 资本运营的关键因素

(1)要明确运作主体

进行资本运作首先要明确广播电视产业产权的法人地位。法人的名称无论怎么取,其实质上应该是个股份制的广播电视集团公司。

(2)要明确运作客体

即弄清哪些是可以运作的价值资本,哪些是不可以经营的非价值资本。在我国,广播电视产业的"工具和喉舌"的性质,使其成为非经营资源。如何既搞好经营,又确保广播电视宣传等性质,成为必须解决好的问题。当资本介入广播电视媒介资源配置时,其所支配的范围必须明确,其所不能涉足的禁地也必须明确。

(3)要明晰资本运作政策环境

由于我国传媒资本运营尚处起步阶段,国家现有相关政策及其未来走向还呈现相对不稳定性,政策通常对广播电视的资源结构与资本运作之间的关系没有明确的界定,可能出现政策反复或在执行过程中对政策的理解和解释有所不同。这也是广播电视产业政策比较特殊的情况。

（五）集团化战略

集团化运营可以合理配置广播电视的人才资源、信息资源、节目资源、频率频道资源、品牌资源，从而降低生产成本，提高生产效率，集团化运营是广播电视产业发展过程中的必然趋势。组建广播电视集团，实现广播电视产业的集团化运营，主要是对广播电视的可经营业务、资产进行产业化运营，组建的广播电视集团作为产业经营主体要按照市场规律和企业规制运作。

第七章　新媒体概述

数字技术和网络技术的快速发展催生了新媒体。新媒体自诞生以来,就以其惊人的发展速度及规模令所有人都措手不及。当前,新媒体正以不可抵挡的势头,迅速渗透到人类社会的政治、经济、思想、文化等诸多领域,不仅改变了社会的传播形态,也影响着人们的生活方式及思维方式。

第一节　新媒体的内涵

一、新媒体的概念

新媒体是具有动态化的概念形式,当前阶段出现的新媒体也就是未来领域内的传统媒体类型,所以界定其概念时很难对其下一个具有严格性的定义。概念是事物本质属性的最直接反应,在此背景下,主要以现有定义为依托,对新媒体本质予以深入探索,并将其概念界定为基于数字、互联网以及移动通信技术,以对传统媒体的超越为目标与导向,从而提供多样化服务的新兴媒体。

二、新媒体与广电媒体的关系

新媒体与广电媒体的关系主要表现在以下几方面:

(一)竞争性

新媒体时代的到来,对传统广播电视节目提出了更高的要求。在当前情况下,广播电视业面临的挑战除了它们内部的竞争非常激烈以外,另一主要方面是来自新媒体的冲击。现在一些网络电视和智能手机已经吸引了很大一部分人群,很多受众开始自主地选择新媒体。这样一来,广播电视媒体的收视率就会下降。

总体来看,新媒体时代对广播电视业提出了以下几个要求:

1. 广播电视业的新发展需要从体制和机制着手

新媒体的发展对传统广播电视媒体产生了较大的冲击,这并不是技术可以解决的问题。所以在管理方面,要加强体制改革,如何进行体制机制的创新成为广播电视媒体发展的创新点。

2. 广播电视媒体之间竞争激烈,需要扩大市场份额

在市场总量不变的情况下,随着新媒体的强势入局,无论是央视还是各省的卫视,他们原有的市场份额都面临着萎缩,地方电视台在竞争中的优势就更加显得不够,所以要想在如此激烈的竞争中生存下去,就要寻求新的发展机会。

(二)继承性

1. 从媒体职能上看

新媒体为受众提供的服务范畴与传统广播电视媒体并没有多大变化,仍然集中在信息和娱乐两大领域。

2. 从制作流程看

新媒体工作人员的分工构成仍然遵循传统广播电视媒体的人员分工,包括前期准备、中期采录和后期合成以及最后播出等几个基本环节。

3. 从具体内容来源看

新媒体平台播出的内容很多仍然是传统广播电视媒体播出的或者是由传统节目制作机构制作的内容。

(三)互补性

新媒体与广电媒体的互补性关系主要表现在以下几方面:

第一,从信息真实性上看,新媒体在内容上往往存在不详不实和谣传的问题,新媒体上这些内容导致了观众对新媒体信任度的降低。而传统电视媒体则拥有高质量的内容。对于新媒体的受众来说,很多人会选择使用新媒体获取最新信息,而选择传统广电媒体来作为信息的验证手段。

第二,新媒体的把关能力较弱。新媒体内容更加广泛,但专业人才非常稀缺,这造成了一些常识性的错误层出不穷。传统媒体通常对于社会热点事件的报道更加谨慎小心,会综合考虑事件本身和引领社会舆论的作用,在内容制作中会追求事件的具体细节,并且添加更多的人文情怀。

第三,新媒体在节目原创性上远远不及电视媒体,制作上的短板使得新媒体对于节目的需求仍大多依赖于电视媒体。

第四,在社会责任方面,新媒体更多的是以追求商业利益为目的,新闻失范的事件也是日渐增多。传统广电媒体则更多注重社会影响和正能量的宣传传播,对于社会公益事件追求更多。

三、新媒体的媒介特色

(一)新技术的使用

新媒体研究者长期以来着力研究诸如虚拟现实等新型用户体验方式。如爱奇艺、乐视等网络平台均在2016年便开放了VR平台,并投入巨资孕育优秀的虚拟现实内容产品。

(二)重复性

传统广电媒体的节目内容通常分为直播和录播两类,同一内容一般播出不会超过两次,观众一旦错过这两次播出的时间便无法观看这一节目。但是新媒体允许观众自由点播节目内容,可以突破播出时间的限制,重复播放观看同一内容。

(三)信息海量化

传统广电媒体受限于播出时长和栏目板块的划分,电视节目中不可能把所有的信息都发布出去。但新媒体通过自己强大的网络平台,可以任意推送更大数量的节目,拥有更充足的时间对信息进行解读和补充。用户不仅可以在新媒体网络平台中寻找自己感兴趣的内容,还可以对之前的直播内容进行回看。

(四)互联互通

从内容向用户的终端呈现方式看,多数新媒体相比传统媒体具有双向互动的重要新特性,能够支持用户自主点播。同时,随着更多网络直播平台的投入运行,在社会中掀起了一股全民直播热潮,人们通过网络直播进一步拉近了人与人之间的距离。

(五)提供给广告商更多的选择

电视媒体因为受到新媒体的冲击造成了巨大的受众分流,因此对于广告商来说,新媒体成为广电媒体之外的一个优秀的广告投放平台。同时,电视媒体的广告会因为政策等因素受到一定的限制,使得很多广告无法进入电视的投放宣传平台。而新媒体平台的广告审核相对宽松,这种宽松的环境吸引了许多的广告运营商将广告投放到新媒体上。同时,与传统媒体的广告投放形式不同,由于网络新媒体平台上的用户通常在注册时就有登记相关信息,并且结合用户的浏览轨迹,可以轻松对一个用户进行定位。广告主可以结合平台数据,更加精准地进行广告投放。

四、新媒体的承载形式

新媒体的承载形式主要包括以下几种。

(一)直播

直播平台的特点主要是实时互动、多元文化进发与信息价值并存,主要的问题是直播平台同质化问题严重。

第一,网络视频直播是现在媒体的最高端形态。从信息传播的角度来看,文字可以捏造,图片可以 PS,就连视频也能剪辑制作。

第二,内容模式上的千篇一律导致了各大平台间的相互模仿、挖人,主播跳槽事件层出不穷。

视频平台同质化严重,需要有创新力的产品来引爆视频消费的增长点,这是未来 Web3.0 时代的主要发展方向。

(二)网络视频网站

网络视频网站的特点主要是内容生产速度快、技术门槛低、鼓励用户参与。网络视频网站开放的内容和模式为广大网络用户提供了上传和分享自己制作视频的机会。视频网站体现出的传统媒体与新媒体的交错融合,是目前最为显著的特色。但目前,国内视频网站普遍存在以下问题。

第一,以低质视频追逐高点击率,使用制作比较粗糙、内容比较劲爆的恶俗视频,并将其放在首页来吸引网友关注,其中不乏一些带有色情意味的视频。

第二,产业链不够稳定。目前,网络自制节目市场刚刚打开,能够连续、固定地周期播放,并且保证品质的自制节目并不多。受众对于自制节目没有形成独立的品类的认知,没有养成固定的观看习惯。这导致用户的流量成本一直居高不下,并且节目期间的贴片广告影响用户体验。

(三)短视频

短视频指一种视频长度以秒计数,主要依托于移动智能终端完成快速拍摄和美化编辑,可在社交媒体平台上实时分享和无缝对接的一种新型视频形式。短视频具有以下几个显著特点。

1.视频长度较短,更适合碎片化场景消费

短视频长度一般控制在 1 分钟以内。这种短小精悍的视频模式使得即拍即传成为一种可能。随着移动互联网的发展,用户只需要几分钟,就可以拍摄一段短视频并发布。同时,即时观看使短视频的播放更加便捷,一段视频仅以秒计的长度也可以充分利用人们的碎片化时间,这为它的快速传播提供了有利条件。

2. 异步的优质内容更容易传播和沉淀

"发布"将生产和消费分隔开，生产者有足够时间准备好的内容，而优质的异步内容更容易获得点赞、关注、收藏、二次传播甚至是转发链讨论，与社交关系链之间具有相辅相成的作用。

3. 商业化变现模式操作空间更大

一般来说，短视频的主题更为明确，内容更为聚焦，用短视频卖东西、做广告的路子正在飞速发展中。

(四)在线播放器

在线播放器的特点如下。
第一，实时点播，想看就看。
第二，每日更新，海量资源。

五、新媒体"参众"审视

(一)庞大的用户数量

庞大的用户数量既是新媒体发展的基石，也凸显出当下新媒体的主流地位。互联网在我国发展之初，只被人们当作是一种技术性工具，使用者局限在高知群体和技术工作者之中，普通公众对互联网可望而不可即。而手机最初也被看作是财富和地位的象征，仅有语音通话功能。随着门户网站的建立和互联网概念的普及，网民开始将网络作为认识世界的新渠道，激发了公众去网上寻求信息的热情，推动了网络媒体的发展。2000 年后的手机，也在短信定制的热潮中开辟了内容传播的新方式，成为公众须臾不离的伴随性媒体。借此，新媒体快速发展的大幕徐徐拉开，各种新技术、新概念、新形态不断推出，新媒体产品的性价比在"摩尔定律"的推动下趋于理性，日益贴近大众的消费能力；公众亦充满热情，积极尝试和参与，终于把我国网民数量推向世界第一。

（二）强烈的参与精神

新媒体的主要特征就是开辟了自由的空间和通道，让每个普通公众都有机会表达自己的情感、传播自己的思想、提出自己的质疑。诚然，这一空间不可避免地会遭到政治权力的干预和商业利益的侵蚀，但相较于传统媒体时代所有的传播媒介都由专门机构牢牢把控、个体话语无从表达的境地，新媒体的表达和传播空间相对而言已经"自由、平等"很多。所以，当网络媒体初具雏形之时，已有很多学者欣喜地提出，网络媒体开辟了信息时代的"公共领域"。至今，这一话题依然延绵不绝，各种类型的新媒体形态都被一一拿出来进行分析。"公共领域"寄托着大众的理想，是人们不断追求和靠近的目标。新媒体的传播特性使其在一定程度上具备了"公共领域"的特征，启动了独立个体进行自我传播的时代，强烈地激发了公众的参与热情。

（三）丰富的内容生产

用户内容生产（User Generated Content，UGC）是目前新媒体内容生产的重要特征，鲜明地昭示了新媒体用户的创造活力。这些未经主流意识疏导的、带着鲜明"草根"风格的内容，也正是新媒体的魅力所在，吸引了大批的观看者，培育出大量的"草根"作家、艺术家。

传统媒体时代内容出版受到严格的把关，内容的传播区分成了泾渭分明的传者和受者，内容的生产者局限于某些特殊群体之中，广大的"草根"智慧缺乏施展的空间。网络媒体的出现及各种应用的推出，让网民开始跃跃欲试。当下，微博成为核心的网络应用之一，终端和网络的相互融合，让微博的内容生产更加及时、迅捷，受到网民的认可。庞大的用户数量和强烈的参与精神是网民能够生产出丰富内容的基础，丰富的原创内容又是新媒体的热点之一，进一步激励了网民的参与热情，这正是新媒体的活力所在。①

---

① 宫承波.新媒体概论[M].北京：中国广播电视出版社，2012.

第二节　新媒体技术的发展

以网络媒体与手机媒体为代表的新媒体的出现是以新兴的数字技术、计算机网络技术与移动通信技术作为支撑技术的。

一、数字技术

一般认为,数字技术是伴随着计算机的发明与微电子技术的进步而开发的一种新的信息编码方式,以数字"0"和"1"组成的二进制的"比特"(bit)作为信息编码的最小单位,通过电子计算机、光缆、通信卫星等设备,把图、文、声、像等信号转化为电子计算机能识别的比特进行运算、加工、存储、传送、传播与还原。由于在运算、存储等环节中要借助于计算机对信息进行编码、压缩、解码等,所以也称为计算机数字技术。换句话说,数字技术最终的目的就是将信息进行数字化表达。

与传统的模拟信号相比,数字技术具有信号稳定、精度高、保密性好、抗干扰能力强、便于长期存储等明显优点。虽然数字技术最初只在雷达、航天、声呐、通信、海洋技术、电子技术、微电子、计算机、人工智能等国防建设与国民经济领域普遍使用,但随着社会市场需求的扩大,新闻信息传播等商业领域也开始不断地使用数字技术来改进自身信息的处理、存储与传输方式。随着大众传媒的数字化,传统的大众传媒不仅摆脱了原有传送方式的限制,而且打破了传统的图书报纸、杂志、广播、电影、电视与电脑之间的界限,产生了综合文字、图像、声讯与视讯的多媒体形态的新媒体。①

---

① 张凌彦,高歌. 广播电视艺术与新媒体技术发展研究[M]. 西安:世界图书出版西安有限公司,2018.

二、计算机网络技术

计算机网络技术是通信技术与计算机技术相结合的产物。计算机网络是通过通信线路与通信设备，按照网络协议，将各地分散的、独立的计算机相互连接起来，在网络软件的支持下实现彼此之间硬件、软件和数据资源共享的系统。计算机网络通过共享硬件、软件和数据资源，实现对共享数据资源的集中处理、管理和维护。

计算机网络技术的每一次革新都推动了传播技术的变革，推进大众传媒的改进，甚至催生出新的媒体。如 Web1.0 的主要特点在于用户通过使用互联网浏览器获取信息；而 Web2.0 更注重用户的交互作用，用户既是网站内容的消费者，也是网站内容的制造者；Web3.0 则将实现智能化的人与人、人与机器的交流。

三、移动通信技术

移动通信是指移动体（如人、汽车、火车、飞机、轮船、收音机等）与移动体之间，或移动体与固定体之间的信息传输。移动通信技术通过无线网络实现了跨时空的信息传播，使数字信息传播摆脱了电线、光缆等固定网络的限制与阻碍。移动通信技术已经从以 NMT、AMPS 为标准的模拟传输的第一代移动通信系统发展至以 GSM、PDC、CDMA 和 D-AMPS 等为标准的数字语音传输的第二代移动通信系统，又从第二代移动通信技术发展到了以 WCDMA、CDMA2000、TD-SCDMA 和 WiMAX 为标准的智能信息处理的第三代移动通信系统，然后再从第三代移动通信技术发展至以正交频分复用（OFDM）为标准的集 3G 与 WLAN 于一体的高质量视频图像传输的第四代移动通信系统。移动通信技术的每一次更替都推动着媒体技术的发展与变革，甚至催生出了新的媒体形态。[①]

需要说明的是，以上所述的数字技术、计算机网络技术与移动通信

---

① 张凌彦，高歌．广播电视艺术与新媒体技术发展研究[M]．西安：世界图书出版西安有限公司，2018．

技术三者之间是相互支撑的,其中数字技术是基础,网络技术和移动通信技术则是渠道,只有信息实现了数字化的转换以后,才能通过网络技术与移动通信技术进行传输与接收。而这三大技术的结合则构筑了新媒体技术的核心,并为新媒体的诞生、新旧媒体的融合提供了技术前提。

第三节　新媒体与传统媒体的差异

一、新媒体与传统媒体在技术方面的差异

传统大众媒体当中的信息传播,要么以纸张为介质,要么以磁带和胶片为介质,虽然也能保存相当长的时间,但是往往有失真的现象,尤其是对于传统电子媒体来说,不仅在长时间的保存当中会失真,而且在信号传播过程中,其模拟信号也容易失真。相反,新媒体是以数字化技术为基础的大众传播媒介,以体积小、容量大的光盘、硬盘、云盘等为介质,以字节比特为信息的最小单位,不仅信息的存储数字化,而且信息的传送与接收也数字化,所以,这从根本上保证了新媒体信息本身的稳定性、高保真与高清晰性。

二、新媒体与传统媒体在信息方面的差异

由于传统媒体存储介质容量有限,所以广大受众通过这些媒体所能获得的信息也是有限的。而以数字化信息存储与传播的新媒体,却能在微小的存储介质里长时间保存海量的数字化信息,尤其在通过网线把世界各地单个计算机连接起来以后所形成的国际互联网上,所有连线和在线的计算机所存储的信息就变成了一个浩瀚无边的信息海洋,所有在线网民都可以在这个信息的海洋里冲浪。

从宏观上说,即使在传统媒介社会里,信息也是庞杂和海量的,但是从单个的媒体信息容量来看,却是极其有限的,同时受众所能够获得的信息也是极为有限的。可是在新媒体社会里,不仅单个媒体自身存储的信息近乎海量,而且各个单个的媒体连接起来的网络里所拥有的信息更

像一个汪洋大海。更为重要的是,每个受众只要在线联机就可以在跨国界、跨疆域的有线或无线网络里分享彼此所拥有的信息,从而实现全球海量信息的共享。①

三、新媒体与传统媒体在形式方面的差异

传统媒体的信息往往以较为单一的符号作为表现形式,比如纸质媒体是利用文字和图片传递信息,广播是以声音发送信息,而电视则借助于声音、图像和字幕传播信号。但是以网络与手机为代表的新媒体信息的保存、表达与传播,则兼容了文字、图片(表)、声音、动画、影像等多种传播符号。新媒体达到了将传统媒体的优势集于一身,而且最大限度地实现了各种传播形式的"兼容并包"。这不仅使新媒体丰富了信息传播的手段,而且也使受众的各种感官得以充分调动。

由于信息的数字化处理,新媒体不再像传统媒体一样以文本形式呈现和以线性形式组织,而是以多媒体形式展示,以节点为单位的超文本呈现,以超链接组织。每一个节点内的信息可以是文本、图像、图形、动画、声音或它们的组合,节点之间则通过关系加以链接,组织上呈网状结构。这既便于新媒体海量信息的存储,又便于受众对信息的浏览与检索。②

四、新媒体与传统媒体在传播优势上的差异

传统媒体的优势主要通过以下几点来体现:

第一,传统媒体公信力较强。公信力是对媒体历经长期发展逐渐积攒起来的公众认可力量的总称,以公众为对象,媒体在其心中所具有的影响力与权威性等都是这一具体表现。传统媒体历经多年传播发展与实践,早已形成了具有自身特色的牢固品牌优势。所以依赖传统媒体实施信息传播时其既具有较强的可靠性,也具有较大的权威性,这是新媒体不具备的。

---

① 曾来海. 新媒体概论[M]. 南京:南京师范大学出版社,2015.
② 同上。

第二,信息内容报道方面的专业度和深入度能够得到有效的保障。传统媒体具有较强的专业性,传统媒体从业人员的新闻采写能力较为扎实与牢固,这也决定了其在对新闻作品予以挖掘时能够更深刻地把握其内涵所在,帮助群众清晰整个事件的起源、背景以及具体发展情况,契合了受众深层阅读的需求。加之传统媒体在制作新闻过程中需要花费较长的时间与周期,这也为新闻的深度挖掘提供了充足的时间。

新媒体是当代数字技术快速发展的主要标志,具有传统媒体不可比拟的传播优势,主要通过以下几点得以体现:

第一,信息传播更为便捷与快速。这是因为新媒体的出现使得信息生产直至发布更新这一周期得到了有效的缩减,信息传播时间也会在此影响下大大缩短。同时,新媒体传播还能打破地域等方面的限制,只要具备互联网设备并顺利连接,信息阅读即可实现。此外,新媒体并不需要支付昂贵的使用费用,也正是借助这一优势使得其信息传播更加方便与快捷。

第二,信息接收效果个性化突出。由于受到新媒体个性化服务特点影响,因此其传播范围也得到了明显的缩减,小众化特点突出。此外,利用新媒体具有的丰富的多媒体功能,使得传播内容收获的视觉效果更佳,传播内容自身魅力也得到了明显提升。新媒体与传统媒体相比而言,其在储存信息内容时,更容易保存。

五、新媒体与传统媒体在传播源方面的差异

传统媒体其传播源相对来讲明确程度较高,这首先是由新闻体制因素导致的。长期以来,我国在进行重大事件报道时通常都是借助主流媒体来发声的,这也决定了以此形式报道的权威性和可信性。其次,传统媒体在予以传播的过程中必须在层层审查的基础上来进行,正是依托严格的审查制度,使得虚假信息等情况得到了有效的遏制。此外,传统媒体传播源资格受到一定限制,通常来说,广播、电台以及电视台等较为官方的机构等都是传播源的具体形式。

而新媒体的传播源并没有明确的界定。在借助新媒体实施传播的过程中,传播主体发布信息可以使用匿名的方式,也可以借助技术手段

对自身 IP 地址进行隐藏等,这也都是导致传播源模糊性的直接因素,进而使得虚假信息无法得到有效的控制,传播主体的责任感也亟待强化。此外,新媒体传播过程中对传播源资格限制并不大,存在于网络世界的每一个个体都可能作为传播源的情况而存在,这也增加了新媒体传播源的不确定性。

第四节　新媒体的传播特征与发展趋势

一、新媒体的传播特征

(一)交互性

交互性是新媒体的最本质特征,当下新媒体工具如 QQ、微信等都向我们展示了新媒体的交互性特征。对交互性予以审视可以发现,其主要涵盖着两方面内容。

第一,信息传递是一个双向传递的过程。

第二,无论是信息传递还是接受等过程对信息都有控制权利。

新媒体具有的良好交互性,主要是通过其数字技术、网络技术普及与应用以及使用成本低廉等得到充分展现的。依托数字技术可以简化信息采集和传送的流程,互联网使用成本低廉可以使人们对廉价传播渠道的需求得以满足,为信息的双向交流奠定了良好的基础。正是借助新媒体交互性特征,使传播者与受众双方间的交流更为紧密,不仅改善了以往两者信息失衡的现象,而且对提升受众参与积极性也有着重要意义。

(二)即时性

对传统媒体予以深入研究可以发现,其在出版或播放过程中都存在明显的时间周期,基于此方式实施的信息传播的即时性无法得到保障。新媒体的出现则改变了这一问题。新的网络媒体主要依托的是以光纤为核心的传播线路,且有着极快的传播速率,即使是在世界范围内的传播也可以实现瞬间传递,同时借助多样化的移动设备更能够不受时间与空间的限制,对于获取到的信息内容可以实现随时随地的更改与创作,从而保证了用户能够基本实现零时差的信息内容获取。

(三)超媒体性

超媒体性简单来讲就是以多种媒体为界定从而实现信息的非线性组织与呈现,并借助声音、文字等多种通信媒介为载体推动多类型传播形式的兼容。新媒体还可以以超文本组织方式为参考,实现对文本、声频等媒体信息的有效组织,在此背景下,不仅方便了受众对文字、声音等信息的获取,而且还使媒体的传播更加多样化。随着社会的进步与发展,新媒体也必然向超媒体信息服务方面所发展,尤其是在网络融合发展背景下,超媒体也将作为新媒体基本服务而存在。

(四)自主性

从传统媒体角度而言,传播者对整个传播体系有着重要的控制作用,这从某种程度而言会削弱甚至剥夺用户的选择权。新媒体逐步建立起了新型的内容交互体系。在此背景下,不仅推动了以往以传播者为核心向以受众用户为核心的转变,而且在此转变过程中也赋予了传播更新的概念,对以往把控者和受众的概念进行了重新界定,只要是使用新兴传播媒体的使用者均可以作为信息内容的生产者与传播者,每个用户都可以作为"媒体"而存在。以特定角度为立足点来讲,网络社会化的真正实现就是指人这一概念在信息内容产生直至变现这一动态过程中的有效渗透。处于新媒体世界中的每个个体,均拥有平等的话语权,每个人都具有传播者和接收者等双重身份,受众也改变了以往被动接受的方式而转变为主动。也正是由于新媒体的上述特性,所以用户在获取信息内容时均可以以个人意愿为依据来实现信息内容的选择,在这一过程中受众的主体地位以及自主性得到了充分的提升,大众在依托新媒体这一手段进行信息内容创作或讨论时也是其在社会公共事情参与程度的有效体现,推动了社会的良性发展。

(五)虚拟性

新媒体的虚拟特征主要包括以下两方面内容。

第一,信息本身就是一个虚拟化的存在,主要是基于比特排列组合形式得以呈现的。借助多样化的软件类型,人们可以制作出更具真实性的虚拟信息。

第二,传播关系虚拟性质明显。处于新媒体环境下,传递和接受双方的角色不仅可以自由转换,而且其还存在虚拟特征,所以双方信息在进行沟通与交流时通常都是基于未知背景下得以建立,这也决定了未知交流上人际关系的虚拟性。随着新媒体时代的逐渐深入,这种虚拟性的存在会使传统的人际交往模式发生改变,继而导致新型问题的出现。

(六)海量性

新媒体是对以往传统媒介信息传播局限性的突破,所以在信息传播过程中其形式受限制因素减少的同时,其也在传统媒体地域性基础上对其进行了拓展,信息传播的范围界定也逐步向世界范围延伸。这样,无论何时何地都可以实现以特定形式为依托的信息传播与交流,也正是基于新兴传播媒介在时空范围内具有的开放性特征,使得新媒体传播范围拓展到全球。借助时空开放性,可以使原本海量的数据信息实现纵向和横向的发展,在此背景下的信息交互实现可以不受国家、地界的限制,这也为国际的沟通与交流提供了便利。

(七)融合性

新媒体不仅囊括了多种传播形式,而且其对媒介融合也产生了巨大的促进作用。借助融合性特征,新媒体可以对多样化信息形态、传输渠道的整合起到重要的推动作用,在此背景下,用户不会受到所使用终端媒介以及所处地点的影响,即可实现与信息站点的相互连接,从而步入新媒体当中获得服务类型。新媒体为媒介间的融合提供了重要的平台支撑,它的出现,不仅实现了对传统媒体优势的集中整合,而且依托数字技术传统媒体也可以实现向新媒体的转变。

（八）个性化

从受众角度来讲,传统媒体的优势在于有着较广的覆盖面,而新型网络传媒其所提供的服务则更加趋于个性化发展。具体来讲,传统的媒介形式其所面对的始终是大众群体,即使将其置于分众市场领域内,其大众化特征也是无法更改的。因此,想要实现服务的个性化只能依托网络传媒来实现。网络传媒的普及与广泛应用,用户能够以自身需求为导向,以此畅游在大数据的海洋当中,或者还可以根据自身实际情况和需要,对消息接收方式、时间等予以自由安排,传播者也可以以用户特点为立足点为每个人提供具有个性化的服务内容。用户可以以自身需求为导向进行信息搜集、整理与传播。

二、新媒体的发展趋势

新媒体是一个动态发展的趋势,这些变化都是依托技术变革与创新而出现的。就目前来讲,下一代移动通信技术的发展会对新媒体发展产生直接影响,尤其是5G移动通信技术的应用,将会使新媒体的即时性和视觉化得到更为显著的增强,新媒体的核心与主导将会以视频内容为主。自第三代移动通信技术3G网络开通后,传统互联网向移动互联网的迈进速度逐步加快。之后,在移动终端和移动互联网快速发展的背景下,使得手机等移动设备上网成为主流,这也标志着新媒体接受和传播方式开始向移动化和无线化发展。

现阶段以互联网、移动网和电视网为一体的三网融合战略正在如火如荼地开展当中,这一战略的推进与实现,不仅可以使网络资源利用率得到快速提升,而且也能促进新媒体技术应用和产业形态系统创新。同时,我国当前正处于由以往工业社会向信息社会迈进的关键阶段,这也决定了社会网络化和网络社会化的推进速度迅猛。在此背景下,不仅整体社会网络化程度都能得到显著提升,网络技术开发应用以及网络基础设施建设等也将逐步实现规范化和全面化发展,而且网络的社会化水平也得到了充分的提升。

现代社会的形成离不开社会网络化和网络社会化的共同作用,同时多样化的信息服务和行业应用也是建构起网络社会基础的重要因素。例如电子商务、搜索引擎等基础业务对互联网的应用也起到了带动和引导作用,商业化、社交化以及娱乐化成为其主要发展趋势与方向。社会网络化和网络社会化也直接作用于社会发展,是其发展过程中的重要力量。其主要是借助信息技术,以网络为载体,以多样化的网络终端为支撑,以各种诉求为目标和方向,从而催生出的不同以往的新型社会文化形态,即网络文化。它的出现不仅对社会整体、政府以及公众组织行为等产生了重要且深远的影响,而且在互联网和物联网相互整合的基础上又可以对传统社会经济运行模式转变提供巨大力量支撑,从而加快了新型发展态势的形成,在此背景下其对社会产生的深远影响也不容忽视。

第八章 广播电视产业的数字化变革以及与媒体融合的动因研究

广播电视的数字化是一场深刻的技术变革,它促进了传媒产业与其他产业之间的渗透融合。这种融合打破了广播电视业原有的产业布局,颠覆了原来的媒介运作形态,形成了全新的竞争格局,为现代传媒业创造了新的发展空间。

第一节 广播电视产业的数字化变革

一、广播电视技术的数字化

随着科学技术的日新月异,先进的计算技术、电子集成技术、通信技术迅速向广播电视领域渗透,广播电视技术正迎来一场革命性的变化——数字化。

(一)广播技术的数字化

1. 广播电台设备及制播系统的数字化

随着数字技术的发展以及在广播领域的应用,广播电台的运作过程发生了前所未有的变革。广播数字设备如数字调音台、数字式话筒、数字声频信号处理器、数字矩阵、数字同步系统、数字微波收发信机、光缆及数字光端机、数字调制解调器、数字压缩及卫星传送等数字制作、播出和传送系统正大量被广播电台所采用。数字声频工作站也普及到广播电台的节目录制、编辑和播出系统中。广播电台设备及制播系统的数字化,使数字声频广播的实现成为可能。

2. 数字声频广播的出现

数字声频广播通过地面发射站,以发射数字信号来达到广播以及数据资讯传输的目的。数字广播除了传统意义上能传输声频信号外,还可以传送包括声频、视频、数据、文字、图形等在内的多媒体信号。与传统的广播服务相比,数字声频广播具有明显的优势。

第一,数字声频广播能够减少声音失真,所播出的声音可与激光唱盘匹敌,没有杂音和干扰,甚至在地下停车场内也可以清楚收听,快速移动时接收效果好。

第二,数字广播在同样的可利用频段中,它所能容纳的电台数量就更多。

第三,数字声频广播能自主控制播放的进程。

第四,数字声频广播还可以对听众的情况进行监测,比如什么人在收听以及他们在什么时候收听,他们都在下载什么,他们认为播放的歌曲怎么样等。

(二)电视技术的数字化

电视的数字化是指在节目制作、集成、传输和接收的整个业务链采用数字技术替代模拟技术的系统工程。

1. 前期摄录设备的数字化

电视的数字化最早体现在摄录设备的数字化上。数字摄像机和数字录像机在电视系统的运用已十分广泛。数字式摄录设备改进了模拟式摄录设备的信号记录、处理、储存等方式,其所采用的数字信号比模拟信号便于加工处理,可以长期保存和多次复制,抗干扰和噪声能力强,大大提高了电视节目制作质量。

2. 新闻采集方式的数字化

数字技术与电子新闻采集(Electronic News Gathering,简称 ENG)的结合产生了数字化新闻采集(Digital News Gathering,简称 DNG)。数字化新闻采集是指在前期拍摄中以数字技术录制声音和图像,在后期采用数字化编辑方式进行新闻节目制作播出的工作方式。DNG 以先进的数字技术为基础，以数码方式传送电视讯号，使更多数据可以在光纤的宽频带上传播。数字技术基础使 DNG 的前期拍摄更具优势。DNG 在后期编辑时也能充分发挥数字技术的便捷优势。①

数字技术与卫星新闻采集（Satellite News Gathering，简称 SNG）结合就产生了数字卫星新闻采集系统（Digital Satellitle News Gathering，简称 DSNG）。DSNG 是新一代的卫星电子新闻采集系统，将新闻现场所采集到的视频及声频信号进行数字化压缩、调制处理后，发送到同步通信卫星，再经同步通信卫星转发回电视台总部，电视台可以直接转播或经过编辑后播出。

3. 演播室系统的数字化

演播室是电视节目录制、制作的重要场所。随着计算机网络和三维图形软件等先进信息技术的发展，电视节目的演播室制作也发生了很大的变化，越来越多的电视节目开始采用虚拟演播室技术来代替传统的真实演播室的运用。虚拟现实技术是一种三维的、由计算机生成的、人可以漫游其间与之相互作用的模拟环境的技术，它既可以是某一特定现实环境的表现，也可以是纯粹构想的世界。虚拟演播室系统就是运用虚拟现实技术而生成的虚拟布景系统。与传统的演播室相比，虚拟演播室在技术上最大的特点是应用了虚拟背景，这个虚拟背景是通过计算机三维动画软件生成的三维结构图形，它能充分发挥电视编辑的想象力和创造力，使节目制作摆脱现实世界的局限，从而创造出一个千变万化、精彩纷呈的虚拟演播室空间。②

4. 后期制作系统的数字化：从线性编辑到非线性编辑系统

线性编辑是一种基于磁带素材的编辑，对素材的搜索、编辑和录制必须按照磁带记录的顺序，一段一段进行。20 世纪 90 年代，随着计算机技术的发展，非线性编辑系统被广泛运用于广播电视节目制作。非线性编辑系统主要是通过数字压缩技术将视频、声频素材数字化，存储在计算机硬盘中，然后利用视频编辑软件对数字化素材进行多种处理。非

---

① 陈林侠,谭天.当代视听传媒系列 广播电视概论[M].广州：暨南大学出版社,2013.
② 吴玉玲.广播电视概论[M].北京：中国传媒大学出版社,2007.

线性编辑系统中,编辑、特技、动画、字幕、声音等各种操作可一次完成,占用人员少,既节省时间,又简单方便,信号基本上无损失。非线性编辑不仅提高了内容检索与编辑速度,而且大大降低了因为磁带复制产生的信号损耗,提高了声音和画面的质量。[①]

5. 电视播出系统与存储的数字化

在整个电视技术中,播出是一个承上启下的环节,对播出系统进行数字化改造是非常必要的,其中最关键的一步就是构建硬盘播出系统。随着计算机技术和视频压缩技术的发展,电视多媒体非线性技术、高速宽带计算机网络以及大容量数据存储系统给电视台节目的网络化存储、查询、共享、交流提供了可能。

数字技术能使以单机工作方式、以计算机为操作平台的各类系统(如非线性编辑系统、虚拟演播室系统、动画工作站、声频工作站等)组成电视台内部的一个局域子系统,还可以在电视台内的各个制作、播出及管理等子系统,采用可传输多种信号的 ATM 网或宽带以太网拓扑成一个局域网,建立全台的宽带视频综合业务网络,实现计算机设备、多媒体设备的互联和信息交流共享,并支持各虚拟网络之间的信息交换,使台内与台外的网络之间互相连通,形成大的广域网。20 世纪 90 年代末期,英国广播公司率先在全球建立起了"哥伦布"系统。这个系统使得BBC 的电视节目储存编辑、播出全面实现数字化。目前,我国省级以上广播电台电视台 80%实现了数字化,中央电视台、重庆电视台等单位已基本完成了数字化改造,并进入了网络化应用阶段。这不仅提高了工作效率和质量,还为今后的产业发展打下了良好基础。[②]

6. 电视传送系统的数字化

节目的传送是电视台技术工作的重要一环,广播电视技术的数字化在传输方式上,主要表现在微波、线缆、卫星三大广播电视信号传输方式的数字化。

(1)微波方面

近年来,数字微波设备的研发已取得了实质性的进展,相关的传输

---

① 吴玉玲. 广播电视概论[M]. 北京:中国传媒大学出版社,2007.
② 同上。

标准也已成形,微波的数字化改造正在进行。目前大连市等许多省市都已经完成了微波的数字化改造。

(2)有线方面

面对国际互联网和数字卫星电视的巨大冲击,各有线电视公司采用数字压缩技术和高效数字调制技术对现有基础网络进行数字化改造。由于在一个常规模拟电视频道中可以传输 8～10 套数字压缩的标准电视节目,所以有线电视网络具备了开展数百套数字电视节目和开展诸如视频点播(VOD)类高级视频业务的能力。另外,有线电视网络还能提供诸如远程教育、远程医疗、家庭办公、网上商场、网上证券交易、会议电视、物业管理等多种类型的宽带多媒体业务,实现多种信息、多种业务的传送,使本来已经有线电视网增加了更多的服务空间,并发展成为大型的宽带网络的典范。

(3)卫星方面

目前,卫星传送的数字化已在全球形成了热潮,缩小蓝天,联通四海,多频道服务,成为覆盖全球的数字卫星电视网的最好写照。我国在2003 年底,中央电视台和其他省台节目均已实现数字传输,这不仅扩大了中央和省级节目的覆盖面,也提高了覆盖质量。

7. 数字电视机

数字电视的技术优势首先是基于数字信号基础的高质量影像和伴音。根据电视的成像原理,电视节目制作、传递和接收的画面质量是由电视讯号的编码方式所决定的。美国研发的数字式编码方式,则是以间断的数码方式传递电视讯号,接收者再将一组组数码复制出来,从而完成电视讯号的传递任务。由于数码的复制可以做到准确无误,因而在传递过程中图像不会受到损耗,保证了图像的质量。同时,由于数字电子技术的基本特征是以高度压缩信息量和离散的方式快速处理信息,数字式电视可数十倍地缩小图像信息的体积而保证信息量不变。用户一旦享受这种技术,一台电视机可同时接收 500 套节目。另外,数字电视不仅可单向传送节目,还可通过按次付费、轮播、按需实时点播等服务形式,提供多种新形式程度不同的互动式服务,使人们由被动收看变为主动选择。从而使观众在观赏电视节目时拥有更多的选择权。

二、新技术条件下广电业的产业融合

(一)传媒产业融合的条件

1. 技术融合

技术融合是传媒产业融合的前提条件。20世纪90年代开始的数字技术使产业之间的技术分离状况得以改变。由于数字技术将数据、图像、声音、文字等信息形式都可以压缩成数字形式,通过光纤、网络和卫星等进行传输,数字技术已成为当前一切信息资源形态和媒体形态的基础。以往使用唱片或磁带等不同电磁模拟性介质存储的内容,在数字化技术中,均可以被赋予一种高保真的数字化形态,从而使语音、广播、电视、电影、照片、报纸、图书、杂志以及电子货币等信息内容融合为一种传输与显示模式,这为与信息有关的一切产业提供一个统一的存储、加工和传播平台,并为以前基于技术、立法和利益分配等原因互相独立、泾渭分明的广播电视与电信、互联网的产业融合提供了技术基础。

2. 个性化服务需求

随着社会文明的进步和效率的提升,个人的自主时间价值不断提高。模拟电视时代观众作为一个群体,通过间接付出共时观看节目的状况将逐渐减少,收视过程更直接地表现为购买行为。此外,随着新技术的发展,互联网正由窄带运营模式向宽带运营模式变革,用户的需求变成信息、商务、交流、娱乐的综合需求。受众需求的变化,使原来封闭的自成系统的产业模式难以适应时代的要求,产业间的融合发展成为必然之路。

3. 政策管制的放松

如果说业务拓展需要是产业融合的内在原因,那么政策管制的放松则为产业融合提供了外部条件。为了让企业在国内和国际市场中更有竞争力,产品占有更多的市场份额实现其种种经济目标和政治目标,一些发达国家放松管制,取消和部分取消对被规制产业的各种价格、进入、投资、服务等方面的限制,为产业融合创造了比较宽松的政策和制度环境。

(二)传媒产业融合的进程

传媒产业融合首先表现在传媒产业与以互联网为标志的计算机业在渠道上的融合。20世纪90年代中期,商业化运作的互联网开始进入了增长的黄金期,并逐步成为人们获取信息的重要渠道。为顺应技术的发展和时代的要求,传统报社、电台、电视台也纷纷在互联网上建立网站。作为全球知名的电视传媒,CNN在网上提供的内容日益丰富,它不但提供广播和视像信息,还使用网络图文媒体的超文本技术,让读者通过多层次、全球性的链接获得丰富的内容。

其次,传媒产业融合表现在广播电视业和电信业之间的合作融合。传媒产业与电信业的融合在发达国家早已出现。例如,2000年1月,美国最大的远距离通信公司电话电报公司AT&T与美国最大的复合型媒介企业时代华纳公司成立了合资公司,电话电报公司在今后20年中利用时代华纳的有线电视网,以较低收费向用户提供包括区域电话、数字式有线电视、高速因特网通信在内的一揽子服务项目。时代华纳公司可利用电话电报公司雄厚的资本,进一步促进有线电视的数字化进程,进而向高速因特网接入服务、电话服务、双向购物领域拓展业务。两公司的合作进一步加速了美国电信与广播电视的融合进程。①

(三)传媒产业融合的影响

第一,产业融合不仅打破了广播电视业原有的产业布局,颠覆了原来的媒介运作形态,促使原来的组织结构产生了分化,新的经营主体被分化出来,并成为媒介市场中的重要力量。

第二,产业融合催生"电信媒体"的诞生,形成全新的竞争格局。目前电信网络正从单一语音传输向多媒体信息传输方向演变,特别是宽带互联网的规模化发展,使电信运营商在面对巨大挑战的同时,也面对巨大的市场机遇。在向综合信息服务提供商转型的过程中,传统电信运营商的业务模式也在不断发生变化。例如,英国电信公司利用电信业在互

---

① 吴玉玲.广播电视概论[M].北京:中国传媒大学出版社,2007.

动媒介市场中的优势,插手大众传播,动用了 150 家内容制作商,它向用户提供了一项综合性的信息传播服务,组成了综合性的巨型媒体。在我国,近两年来见之于各大中小媒体的中国移动公司也开始将自己打造成新兴媒体。中国移动先后与滚石、BMG、百代、哥伦比亚唱片、迪士尼、上海文广传媒集团、美国维亚康姆公司的 MTV、新闻集团及星空卫视传媒集团、凤凰卫视签署合作协议。

第三,电信网络与传媒产业的融合,创造了一个新兴产业群,如播客、网络电视、手机电视等数字新媒体的出现,为现代传媒业创造了一个新的发展空间。

三、方兴未艾的数字新媒体

广播电视技术的数字化,不仅为人们提供了一个集公共传播、信息服务、文化娱乐、交流互动于一体的多媒体信息终端,为现代服务业创造了一个新的发展空间,同时,也带来了播客、视客、网络电视、手机电视、移动电视等数字新媒体的出现。

(一)播客

播客是数字广播技术的一种,播客网站为用户免费提供 30M 至 100M 的使用空间,用户可以用麦克风、电脑录下自己的"广播节目",然后利用播客将其上传到网上与广大网友分享。网友通过下载、订阅播客到电脑端和 MP3 播放器中随身收听。播客颠覆了被动收视的方式,使用户成为主动参与者,同时让用户对视听内容和收视时间拥有了更大的选择。

(二)视客

视客即利用网络技术制作发布视频形式的短片日记和真人秀,主题既可以是主播台前的社会问题探讨,也可以是镜头晃颤的日常生活快拍。它让任何人都可以创建自己的媒体,拥有自己的播出渠道。许多对媒体感兴趣的人,还能通过视客探索被传统媒体忽视的小课题,甚至填补传统媒体的空白。

(三)网络电视

网络电视也叫交互式网络电视,它是以宽带以太网为载体,以家用计算机作为主要终端设备,集互联网、多媒体、通信等多种技术于一体,通过互联网络协议(IP)向家庭用户提供视声频多媒体节目和交互式服务的新型付费电视。与传统电视相比,网络电视具有以下几方面优势。

1. 信息量大

网络电视就像一个专属于用户自己的电视台库,只要付费,其中节目就可以随调随看。据媒体报道,央视网络的节目涵盖了中央台40万个小时节目的经典之作,网络电视节目从开播时的16个频道已增至40多个频道,每天节目的更新达60个小时。

2. 交互性强

网络电视的交互性既包括用户与网络电视台之间的请求与响应,也包括用户之间的互动。用户可以随时向网络电视运营商进行沟通,也可以在收视过程中与其他用户和观众交流观感。随时沟通成为网络电视的一大优点。

3. 主动性强

传统电视的观众没有选择节目的权利,也不可能跳过插播广告,只能按照电视台节目播出的顺序被动收看。网络电视彻底改变了传统电视被动收视的特点。在网络电视中,用户可以根据节目单自主选择节目和播放顺序,也可以事先进行预约。用户可以随意点播、随时收看、主动性大大增强。

4. 增值服务多

网络电视除了可以提供视声频内容外,还能够提供可视电话、网页浏览、在线游戏、在线教育、网络交易、视频会议、远程医疗、网上购物等各种增值业务,只要是互联网能提供的服务,网络电视都可以做到。

(四)手机电视

手机电视是指利用手机通过移动网络接收传统意义上的电视节目

及资讯的新的电视媒介形态。手机电视是技术融合、产业融合以及应用融合的产物。手机电视业务可以被当作是移动通信的一种应用,同时也是传统电视媒体的一种延伸。手机电视在全球的兴起,缘于其自身的独特个性。作为一种新兴的传播媒体,手机电视由于其终端的特殊性,与传统电视、广播、报纸和互联网等媒体形式相比,手机电视具有以下几个鲜明特点。

1. 便携性

手机是人们最常携带的电子产品,手机电视自然也秉承了手机这一特点。无论手机电视用户身在何处,手机电视都可以相伴左右,这极大满足了用户在外收看电视节目的要求,"随时随地看电视"成为手机电视最突出的特点和最大的存在意义。

2. 个人化

手机是一种个人电子产品,在收看手机电视时,人们不用遵从公众性媒介的收视规定,也没有了家庭成员间的收视冲突和妥协,作为手机电视的唯一使用者,用户拥有收视的绝对控制权,完全可以依据自己的意愿选择电视节目。从这个意义上说,手机电视是一种极端个人化的媒体。

3. 移动性

与传统电视的固定地点收看相比,手机电视可以移动接收电视节目。这一点与手机电视的便携性是一脉相承的,并特别适合于现代都市人生活的需要。譬如说美国 NBA 播放时间多为本地时间早上,上班时间,在公交车和地铁的时间里,我国用户可以通过手机电视收看现场直播。

4. 互动性

手机电视具有一定的存储功能,除了可以实时或非实时播放音视频,显示文本信息,还能够实现信息的双向交互。现在打开电视机,手机短信参与的节目已经是无处不在。而手机电视与手机短信本身就是一家,边用手机看电视边发短信十分方便。可以说,手机电视天然地具备了互动性的技术条件。

(五)数字电视

目前,数字电视在世界各地蓬勃发展,卫星电视、有线电视和地面电视领域都在加快实现数字化。数字电视已被视为潜力巨大的 21 世纪朝阳产业。数字电视的优势,前面我们已进行了阐述,此处不再赘述。

第二节　广播电视产业媒体融合动因分析

一、产业政策驱动

产业政策驱动是促使广播电视产业融合发展的重要因素。产业政策驱动主要包含两个层面的驱动,即中央层面和地方层面(图 8-1)。

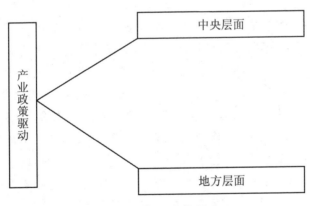

图 8-1　产业政策驱动

(一)中央层面的政策驱动

对近些年中央层面的相关政策进行研究发现,其主要集中在以下三个方面。

1. 促进三网融合

三网融合一直是国家发展规划中的一个重要目标,但是三网融合的发展需要一个比较长的过程才能顺利实现。

从 2001 年起,我国首次在"十五"计划当中提出了三网融合的相关概念,并且从此开始了推动三网融合的漫长征程。

2010 年,为了加快推动三网融合工作的开展,相关部门制定了非常明确的时间表和线路图,并且在同年确定了首批 12 个城市作为试点,三网融合工作从此正式进入了实践阶段。

2011 年,为了进一步扩大三网融合工作的规模,国家再次确定了 43 个城市作为试点。

2015 年,国务院出台了相关的方案,开始在全国范围内推动广电、电信业务的双向进入工作。

2016 年,中宣部、财政部以及国家新闻出版广电总局联合出台了相关文件,在文件中明确规定了全国有线电视网络整合完成时间,即在"十三五"末期必须基本完成相关工作,真正实现全国一张网的目标。

2. 促进媒体深入融合

近些年,为了促进媒体之间的深入融合,我国前后出台了多项相关政策。2014 年,相关部门对传统媒体和新媒体融合工作的深入开展提出了指导意见。2015 年,国家在加快构建现代公共文化服务体系的相关文件中指出,应当灵活运用各种通信手段,进一步拓展相关渠道,促进公共文化资源的顺利传输。同年 7 月,国务院出台了相关文件,并且明确指出,要将媒体融合工作纳入"互联网＋"国家重大发展战略当中。另外,在党的十八届五中全会上,以及第十二届全国人大会议中也对相关工作进行了重点讨论,并且进行了相应的工作指示,进一步促进了媒体深入融合工作的开展,并且提出要在媒体深入融合的基础上,创建多个新型主流媒体和传播载体。

3. 对网络视听节目进行规范

2014 年 1 月,新闻出版广电总局印发了相关文件,旨在促进网络剧、微电影等网络视听节目管理工作的顺利开展。同年 8 月,为了保证网络电视客户端软件安装的规范性,新闻出版广电总局再次印发了相关文件,并且要求各地区相关部门做好辖区内的自查工作,对于未经许可就向社会大众推出、提供相关客户端软件的单位,应当责令其立即整改。

(二)地方层面的政策驱动

对于媒体融合工作的开展,我国各地的地方政府也给予了充分的重视,并且出台了相应的政策推动其顺利开展,比如上海、湖南、福建、江苏、湖北等地的地方政府出台了相应的政策,积极推动新媒体集团的组建工作,以及新媒体矩阵搭建工作的顺利开展,同时还设立了相关专项基金,为媒体融合工作的顺利开展提供了足够的资金支持。

二、产业技术驱动

(一)基础网络

目前,我国的城镇化进程在持续加快,在这一背景下,为了提升城镇居民的网络体验,各个网络运营企业开始进行大规模的网络改造,光纤网络得到了进一步普及,同时随着网络电视、超清视频等新型广播电视业务的出现,对宽带速率有了更高的要求,这也在一定程度上促进了我国宽带速率的迅速提升。广播电视网络原来的技术优势在逐渐丧失,广电网、电信网的专用性特点逐渐消失,正在逐渐向通用性网络转变。

图 8-2　基础网络

（二）移动网络

移动网络技术在当今社会获得了迅猛的发展，而这就为媒体融合的发展提供了有力的推动。当前最为常用的移动网络连接方式为 Wi-Fi，Wi-Fi 是一种利用 WLAN 技术进行网络连接的技术，当前在全世界范围内，超过 90％的宽带运营商都进行了 Wi-Fi 网络的布设工作，中国作为移动网络的最大市场，Wi-Fi 网络的布设工作开展迅速。

图 8-3　移动网络

（三）云计算

云计算是一种以网络为基础的计算模式，云计算的应用能够有效提升信息资源的分配效率，进而有效降低管理难度，减少管理成本。在广播电视行业，应用的云计算技术主要包括云存储、转码、分析等。云计算的应用需要各种软件资源、硬件资源的支持，同时还需要一定的信息共享条件。云计算技术的应用为智能应用的发展提供了良好的基础条件，云计算技术的出现为智能社会的快速发展和实现提供了保障。近些年，云计算在广播电视行业的应用已经越来越普遍，以云计算技术为基础的云视频也获得了非常快速的发展，在这一技术条件下，无论用户使用何种终端设备都能够从云端获得相同的视频内容，广播电视节目与各种不同用户终端之间的适配性大大提升，进而使得平台的兼容性大大提升，平台可以支持各种不同种类的终端设备的访问。

图 8-4　云计算

（四）大数据

大数据是一种资产，具有数据量大、增长率高、多样化这几个特点，当然，大数据只有在经过科学的处理后才能发挥其作用，其主要的作用表现在决策辅助、流程优化等方面。当前，部分媒体企业已经能够将大数据技术逐渐运用到新媒体运营方面，并且仍旧在继续探索大数据技术在广播电视行业的深度应用。

图 8-5　大数据

（五）终端技术

终端主要包含移动终端和固定终端两种。

1. 移动终端

移动终端主要包括智能手机、平板以及一些可穿戴型的设备等。其中使用最多的是智能手机和平板,同时也是更新升级速度比较快的两类设备。可穿戴型移动终端设备主要包括智能手表、智能眼镜等,其核心技术主要涉及操作系统、人机交互、传感器等多个方面的技术。随着电池性能、蓝牙技术水平的提升,以及 Wi-Fi 技术的提升和功耗的降低,智能可穿戴型设备迎来了发展高峰,其功能在不断完善,应用普及率也在不断提升。

2. 固定终端

这里所说的固定终端主要是指一些大屏幕类的智能终端,比如智能电视,与之相关的技术主要包含操作系统、终端显示等方面的技术。随着终端显示技术的不断发展,各种终端设备的像素水平在不断提升。

(六)新平台技术

1. 微信平台

微信是一款由腾讯公司开发的,可以在各种不同类型的智能终端稳定运行的,能够为用户提供即时免费通信服务的一个应用程序。微信可以支持语音、文字、视频、图片等多种信息传递方式,微信已经成为当前广播电视机构应用频率最高的一种融合传播平台,各大广播电视机构利用微信进行节目信息传播、话题制作等,并且取得了非常良好的效果。

2. 微博平台

微博即微型博客,用户可以在微博平台上发布消息,并且通过微博关注功能来实现简短信息的实时分享,以及信息传递、信息获取等。微博用户还可以运用 Web、WAP 等建立个性化的个人社区,并且利用平台发布相应的文字信息,实现信息的即时分享,但是对文字数量有要求,不能超过 140 个字。微博的关注功能可以进行单向、双向设置。虽然微信功能的不断发展,使得微博的用户数量出现了一定程度的下降,但是其影响力仍旧不容小觑,各大广播电视台几乎都在微博上开通了官方账号,希望以此来提升自身的知名度和影响力。

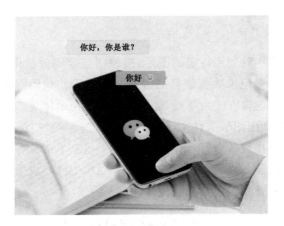

图 8-6　微信

3. 客户端平台

客户端其实就是我们所说的用户端,通常是指那些与服务器相对应,并且保证平台能够为客户提供相应服务的程序。客户端一般被安装到客户机上,并且需要在服务端的支持下才能顺利运行。随着智能手机的普及程度不断提高以及移动网络的快速发展,各种移动客户端已经成为当前活跃程度最高的,具备互动、经营、传播等多项功能的平台。

图 8-7　客户端

4. 二维码平台

二维码是一种利用特定的图形,遵照一定规则进行图形分布,并且利用图形信息来记录数据信息的方式。二维码的代码编制以计算机 0 和 1 比特流的逻辑方式为基础,通过相应的几何形体与二进制代码相对应,从而达到利用图形信息来记录文字信息的目的,二维码图像识别需要依靠光电扫描设备进行,而当前的智能手机基本都具有二维码图像识别的功能。随着二维码技术的不断发展,二维码已经成为当前各大广播电视机构比较常用的一种融合传播社交平台。

图 8-8　二维码

三、产业体制驱动

从当前的媒体融合发展情况来看,体制问题已经成为当前制约媒体深入融合发展的一个主要问题,只有尽快得到解决,才能推动媒体融合工作的进一步开展(图 8-9)。

(一)空间结构

近年来发展迅猛的一些互联网公司,如腾讯集团,凭借其灵活有效的发展机制,发展规模已经超过了广播电视产业的规模。广播电视产业想要在媒体深入融合的过程中获得发展,必须做好产业空间链的重整和布局。

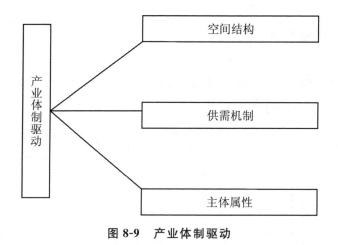

图 8-9 产业体制驱动

(二)供需机制

从电视台的角度来看,台网分离导致其失去了原来的网络传播渠道;从当前媒体融合的角度来看,台网分离造成传统广播电视媒体的资源出现了一定的弱化,从而降低了其在当前时代背景下的竞争实力;而从有线网络公司的角度来看,由于节目版权问题,台网分离削弱了其节目资源再利用的能力。由此可见,广播电视产业链应当根据实际需求建立更加完善的供需机制。

(三)主体属性

从当前发展情况来看,虽然部分广播电视台为了适应新媒体行业的发展需求成立了采用现代企业管理模式进行运营的新媒体公司,但是限于广播电视媒体的主体属性,其仍旧无法摆脱事业单位的体制限制,以致影响了广播电视媒体的融合发展速度。因此,想要以广播电视台作为媒体融合的主体,需要进一步开展传统媒体机制体制的改革工作,使广播电视台能够尽量向其产业属性回归,这样才能充分发挥广播电视台的各种资源优势,促进媒体深入融合工作的顺利开展。

四、产业竞争驱动

广播电视媒体面临的产业竞争主要来源于新媒体、国际竞争、系统内部挑战三个方面(图 8-10)。

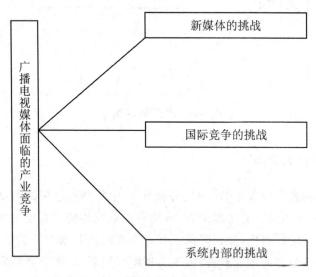

图 8-10　广播电视媒体面临的产业竞争

(一)新媒体的挑战

随着 4G 技术的成熟推广,以及 5C 技术的初始应用,网络已经在社会大众的工作生活中占据了无可替代的地位,而在这一形势下,如果传统媒体不能积极主动地谋求改变,就必然会被市场逐渐淘汰。当前,由传统媒体主导开办的各种新媒体,虽然在内容方面具有一定的优势,但是其影响力远远不如当前主流的一些视频平台。广播电视媒体的发展面临着来自新媒体行业的巨大挑战。

(二)国际竞争的挑战

随着信息全球化的不断发展,媒体全球化也早已实现,迪士尼、英国BBC 等国际著名的传媒企业在全世界的传媒市场中抢夺客户和市场。

（三）系统内部的挑战

随着媒体深入融合工作的持续开展，中央、省级广播电视台的媒体融合工作已经取得了有效的进展，而地市级、县级的广播电视媒体，由于实力较弱，资源也相对不足，因此融合工作开展并不顺利，仍旧存在节目内容同质化严重的问题，尤其在一些重要的节日或者重大活动开展时，各个电视台不能有效凸显自身的个性化特点，节目吸引力不足。

五、产品市场驱动

产品市场驱动主要涉及信息发布、大众消费习惯、广告市场和资本市场的挑战等方面的内容（图8-11）。

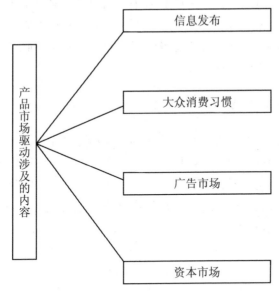

图 8-11　产品市场驱动涉及的内容

（一）信息发布

传统的广播电视媒体很难做到即时发布新闻消息，而新媒体平台由于信息的发布几乎不会受到时间和空间的限制，因此能够快速及时地发布相应信息,所以能够很容易做到这一点。因此,这就使得新媒体在媒体市场竞争过程中占据了很大的优势,同时也给广播电视媒体的发展带来了很大的挑战。

(二)消费习惯

社会大众长久以来主要通过报纸杂志、电视、广播等途径来获取信息,而网络普及之后,大众的信息获取习惯也发生了非常大的改变,用户可以利用各种终端设备主动搜索自己感兴趣的信息。随着微博、微信等成为主流的信息传播方式,每个用户都能够成为信息的发布者和传播者。

(三)广告市场

广播电视行业最为主要的收入来源就是广告收入,但是,从广告市场的整体情况来看,国内广告市场的整体份额并未出现大幅度的增长,而各种新媒体平台在广告市场当中的份额却在逐渐增加,这就导致广播电视企业的广告收入逐渐减少。

(四)资本市场

从当前的行业发展形势来看,资本已经成为当前媒体深入融合发展中最为主要的推动力量。阿里巴巴收购优酷、土豆,百度私有化爱奇艺,都展现出了资本在媒体融合发展中的巨大作用。当前,新媒体产业的发展速度迅猛,而在这种形势下,广播电视媒体已经失去了在资本市场竞争中的主体地位。

第九章　新时期广播电视与新媒体技术的融合发展研究

在新的历史发展时期,全媒体形式成为传统广电媒体新的发展方向和趋势,这是新时期广播电视与新媒体技术融合发展的必然结果。我国的广播电视媒体融合工作开展的时间并不算长,而且启动时间也比较晚,因此,对其进行研究有利于科学有效地完成媒体深入融合工作。

第一节　广播电视业有效应对新媒体技术冲击的策略

面对新媒体技术的冲击,广播电视业可以采取以下应对措施。

一、做信息的提炼者

面对新媒体的冲击,传统媒体目前所面临的困境可以说是一种很正常的情况。在人类历史上,由于技术的进步,新的替代性产品让原有的产业价值消失不是什么稀奇事。例如,汽车出现使得马车消失,造纸业兴起使得竹简消失。报业、唱片业、影视业这些传统内容产业,面对互联网、移动互联网这些新技术的冲击,衰退是不可避免的。对传统媒体来说,必须有能力从价值流失的地带转向价值丰厚的新领域,也就是要转变观念,发现新的机会,做信息的提炼者。

现代社会是一个信息爆炸的时代,每一种新的丰沛其实都伴随着一种新的匮乏。新媒体虽然来势汹汹,庞大的信息却导致了注意力变得相对分散,受众有了一种新的需求,即在纷繁复杂的信息中分配注意力,在最短的时间里找到最需要的信息。此时,经过深度加工的信息,关于信息的信息由于相对稀缺而升值。需要注意的是,关于信息的信息包含两方面的要求,一是要有精准的用户需求定位,知道哪些人群需要哪些信息,二是有对信息深入加工的过程,而这需要具备强大的内容生产实力。对那些有志于做信息提炼者的传统媒体来说,要找到新的价值地带,需要从两方面开始着手。

(一)建立差别化

《华尔街日报》是传统报业少有的在新媒体环境下向用户收费的典型。《华尔街日报》网站有大量免费内容供人浏览,如果读者希望看到更独家、更能对投资产生借鉴意义的内容,必须成为付费用户才可以浏览。对于《华尔街日报》的读者来说,他们能够接受这种有意为之的差别化策略。其原因主要包括以下两方面。

第一,他们确实能够享用差别化策略,获得他们想要的独到信息。

第二,这也是对自我身份的一种彰显。

目前,免费的基础服务加上收费的增值服务已经成为传统媒体向新媒体转型过程中最常用的做法之一了。

(二)建立公信力

这种公信力或来自权威的内容,或来自专业的分析见解,或来自富有参考价值的一手数据。在信息爆炸的时代,信任永远是难得的。《纽约时报》就依托自身的公信力,建立了知识问答平台,About.com。虽然是互联网平台,但并不放任内容的形成,而是在找到各个领域的专业人士来回答网友提出的各种问题。由于有专业人士的介入,About.com在家务、育婴、宠物等很多领域都建立起了自己的权威话语权。

二、传统媒体的转型

新媒体时代,读者对文字真实性的需求大大提高了,传统媒体应该为读者提供值得信任的信息。传统媒体要能够搜集读者可能感兴趣的或读者不一定知道但可能引起他们兴趣的信息。除此之外,传统媒体也还要能够主动创造信息,甚至引领话题。足够专业的东西永远是有市场的。以视频网站为例,绝大多数人观看的内容还会是专业机构制作的,因为专业机构生产的内容更加精良,更加知道如何讲故事。用户产生的内容虽有个性,也只会成为专业机构生产的内容的补充,永远不可能替代专业机构生产的内容。即便综合性媒体受到冲击,以深度报道见长的媒体在互联网时代也没有受到太直接的冲击,互联网不会做太多的深入挖掘、分析和报道,这正是这些传统媒体的长项所在。

传统媒体向新媒体转型,最大的误区是在互联网平台上简单地复制作为传统媒体的品牌与信息采集优势。要知道内容的积累需要时间,传统媒体的技术实力又不足,转型往往步履维艰。在新媒体巨头已经成型的情况下,传统媒体尝试转向新媒体,必须要做到以下几方面:

第一,要极度专注,满足某一方面的具体需求。

第二,要跨媒体利用各种媒介的特性。

第三,要在传统媒体原来覆盖领域的基础上做出适当延伸。

三、广电媒体的新媒体转型

目前,伴随着用户需求的释放和技术的不断突破,传统媒体也在努力进入新媒体领域。这既是传统媒体在转型,也是新旧媒体融合的内在需要。广电媒体的新媒体转型方面,需掌握以下几条基本原则:

第一,广电媒体要积极建设已有的在线网站。

第二,广电媒体要利用成熟的新媒体,快速提升自身在新媒体领域的影响力。

第三,坚持内容制胜,创造新的商业模式。

中国的广电集团正处在互联网、电信网、有线电视网三网融合的大背景下,广电集团在数字电视、网络电视、手机视频领域都面临不同竞争者的挑战,其中,来自电信运营商的挑战最为激烈。

第一,广电集团必须加快向数字电视的升级,依托自身的内容优势发展网络视频和手机视频,积极寻找向新媒体领域的发展机会。

第二,广电集团可以依靠高带宽、高清晰度的数字电视技术,提升节目的质量和吸引力,细分用户市场,提升数字电视的用户体验。

第三,降低有线电视的收入占比,增加网络增值及付费电视收入也是方向之一。

第四,随着视频网站的崛起,广电企业需要以强势的姿态与视频网站合作,增加内容在网络上的价值。手机电视领域是一块新的战场,广电企业必须加快发展手机视频业务,可以建立自己的独立手机视频门户网站,也可以和其他新媒体企业合作。

四、了解与新媒体融合的方式

传统媒体实现媒介融合的方式主要有以下几种(表 9-1):

表 9-1　传统媒体实现媒介融合的方式

传统媒体实现媒介融合的方式	具体内容
实时提供实用信息	传统媒体为适应媒体融合的发展趋势,通过自办新媒体或为新媒体提供及时或实时的信息服务,实现自身与新媒体的融合。如美国佛罗里达州一家城市有线电视台的网站,抓住美国受众的习惯,提供城市包括下辖的县、区的气象服务,从其网站上可以看到实时的气象情况。人们可以点击自己所住的城区,了解暴风雨是不是要来等
大量运用社交媒体	社交媒体具有受众广、互动性强等特征。传统媒体充分利用社交媒体互动性特征,纷纷在各类社交媒体上开发各种新兴节目或栏目,以实现传统媒体与新媒体的融合。如西雅图一家叫作"我的西北"的电台网站,他们的主持人在网上拥有自己的页面,上面有节目声频、视频片段和主持人照片秀等视觉内容。受众可以用 Twitter 来追寻主持人,可以在每次新闻脱口秀节目播出时或播出后和他们进行交流

传统媒体实现媒介融合的方式	具体内容
内容多次开发利用	对内容的多次开发利用是传统媒体融合新媒体的重要方式，即由传统媒体为各种新媒体提供适应各种新媒体特征和要求的内容服务，使过去只使用一次的内容实现多次开发利用。纽约州北部的一家小电视台的网站，利用各种空间和技术来展示内容，用户点击注册后，就可以获得服务。受众既可以同步看，还可以使用播客功能向自己的手提电脑发送相关信息，还镶嵌了一切与好友分享的按钮。网站还提供智能手机电视支持，只要用户在手机上开一个快速通道，一点击就可以看到电视台的内容。此外，他们还为普通手机用户配备专门的手机图文版，被称为网络简版
数据视觉化，互动个性化	新媒体最大的特征就是随时随地提供音视频新服务，而音视频具有直观生动易于理解和记忆等特征，更容易接受。传统媒体为此加强了数据的视觉化处理，并将其镶嵌到各种新媒体终端中，如《今日美国》是定位为商务旅行的报纸，现在它把机场、酒店等出行地当成重要的互动领域，开辟了豪华邮轮旅行者博客、乘飞机旅行者博客等
积极拓展流媒体空间	积极开拓流媒体空间，将使传统媒体有更多播出平台，适应不同终端受众对信息服务与消费的需求。如美国最著名的报纸《纽约时报》的网站，在文字稿里镶嵌了视觉化链接，一点击关键词就会跳出视频播放窗口，播放结束之后会自动关闭，受众还可以再回到文字稿上来。这种镶嵌技术是由思科公司开发的，利用这一技术可以开发新的广告空间

第二节　我国传统广播电视与新媒体融合发展的特征与模式

一、我国传统广播电视与新媒体融合发展的特征

(一)以产业链层面为基础的特征

产业链是以各产业部门为主体的,以特定技术经济关联为基础,以特定逻辑和时空布局为依据逐渐演变而成的具有互联性和交互性的链条式关系。在媒介生态环境逐渐变化的背景下,我国广电媒体的产业链也发生了明显的全方位的更改,具体表现在以下几方面:

1.产业链变化趋势——纵向分离和横向分解

从传统技术条件为范围界定来讲,报业、电信和广电产业等都可以以封闭产业链条为范围界定实现盈利模式和运营模式的建构。所以,这一时期传统产业竞争也具有明显的封闭性和独占性特征。随着科学技术的发展以及三网融合的持续推进,传统广电产业一家独大的局面被打破,从产业链角度对其进行审视可以发现,信息产业链在横向和纵向均发生了分解的现象。

在传统广电媒体模式背景下,广电机构其产业链都具有一定的完整性,无论是上游内容、下游渠道还是基础网络等控制权都集中在广电手中,这也就导致以产业链为主体的各个环节中并没有竞争者的存在。而在市场和技术的作用下,以内容、渠道和网络为主的环节逐步分化,并以产业发展规律为遵循实现了以各自为主体的运营。

首先,台网分离,这也就是说,网络逐步从电视台中分离出来,并成为一个独立化、市场化的网络公司,市场价值也得以凸显。

其次,制播分离。以电视台为主体,以内容制作为对象实施的分离,推动了市场化传媒公司的建立,并以市场主体的角色参与到市场竞争当中,而电视台依然对渠道有着管理作用,其事业身份也没有被动摇。

从内容生产角度来讲，电视台虽然承担着新闻内容制作的工作任务，但是伴随着节目多样化的发展趋势，许多内容制作公司也层出不穷。可以说，社会化公司是当前内容制作的主体。同时，依赖信息技术发展，每个人都可以作为信息内容的生产者和传播者。

从传播渠道角度来说，依托技术发展给信息传播渠道起到了推动作用，并逐步向多样化渠道迈进。

首先，数字化技术的出现使频谱资源逐渐增多，广电媒体在数字化改造的作用下，其频道和频率逐渐增多，契合了当前市场和受众对信息的需求。

其次，在互联网崛起的背景下，网络已成为当前进行信息传播的主流平台，不仅推动了传播渠道的多元化发展，而且信息在相对自由和互动性较强的网络环境下进行传播，也使得用户可以根据自己的意愿进行点播和下载。

从信息终端角度来说，传统媒体时代对特定介质载体的依赖性较强，电视机是常见的信息接收终端，处于此背景下的观众只能在固定时间和固定地点进行电视节目的观看。伴随着数字技术的出现，信息和介质之间出现了分离趋势，在数字化处理作用下的信息可以依托多个智能终端来呈现。同时，依托网络技术，还使信息传播更加自由化。

2. 产业链从渠道模式向平台模式转型

随着三网融合的逐步推进，碎片化和无限化成为信息生产、信息传输和信息消费的主要趋势。如果将传统广电的产业结构作为渠道模式来讲，那么广电全媒体则可以看作是具有开放性特征的平台模式。渠道模式简单来讲就是依靠传统技术条件，使得信息生产、传输和消费都集中在固定且封闭的单一产业链条内，并由专业人员对信息进行制作，以固定渠道为载体实施的点对面式的单向传播过程。平台模式是以渠道模式为基础对其予以的更改与调整。信息平台简单来讲就是建构在海量端点和通用介质间的一个交互空间，其可以借助特定规则和机制以此实现海量端点间的交互。平台模式是以受众为主体和面向为其提供特定服务内容的信息服务平台，在此背景下，用户不仅可以以自身需求为依据来对所需内容进行定位和查找，而且还可以实现信息生产者和消费者的有效对接，并加快了一对一、一对多和多对多方式的双向互动交叉传播，以多元化和无限的信息生产能力为载体更好地契合无限且多元的信息需求。

渠道模式和平台模式具有显著的区别(表9-2)。

表 9-2　渠道模式和平台模式的区别

在是否封闭方面的区别	渠道具有较强的封闭性特征,无论是传播内容还是秩序都受传播者的个人主观控制,受众在接收和选择过程中比较被动;而平台开放性特征明显,平台也囊括了丰富的内容和服务,用户可以以自身需求为导向实现对内容的选择,进而来确定内容的秩序
在是否是单项方面的区别	渠道是单向的,信息传播过程也就是传播者向接收者传达的过程,接收者对于所接受内容的评价和看法想要对传播者进行有效反馈较为困难;平台是具有双向性和互动性的,信息生产者和消费者之间并没有中间环节,消费者自身的评价和意见等都可以依托平台实现有效的反馈,帮助信息生产者更好地了解消费者看法

(二)以发展层面为基础的特征

以发展层面为基础的特征包括以下几方面(表9-3):

表 9-3　以发展层面为基础的特征

以发展层面为基础的特征	具体内容
发展相对滞后	从整个媒体融合转型现状来讲,我国广电全媒体发展滞后性特征较为明显,这主要通过以下两个方面来体现: 第一,将其与报业全媒体予以对比可以看出,广电全媒体发展滞后性显著。自2005年以来,报纸不仅受到了来自网络新媒体的冲击,在此背景下,无论是报纸的发行量还是广告收入都在快速下降。报纸媒体为了保证自身的生存和发展,最先提出了全媒体的口号,并以此为方向进行了深入的探索。反观广电媒体可以看出,其虽然也受到了网络的冲击与挑战,受众和广告流失现象严重,但是并没有威胁到它的生存,这也导致其在全媒体建设方面没有良好的预见能力,在对以全媒体为主要转型发展方向等方面也缺乏有效的规划。从整体角度来说,传统广电媒体和新媒体依然是相互独立的个体而存在,媒介融合依然有很长的路要走。 第二,将我国广电媒体与国外广电媒体进行对比可以得知,国内广电媒体依然处于封闭垄断行业的范畴,这也就使得固有的行业壁垒依然存在,在此背景下无论是体制、技术还是观念等方面都存在明显的滞后性,全媒体化的发展也因此受到制约

续表

以发展层面为基础的特征	具体内容
政策主导性强	据了解,广电媒体是国家事业单位,因此也承担着进行文化宣传的重要责任。在针对我国广电全媒体予以建设的过程中,是基于全国范围内的广电媒体统筹发展背景下,以行业主管部门为引导,以政策为路径来实现的协调发展,这也是我国广电全媒体发展具有明显政策主导性特征的最根本体现。以媒介融合环境为背景而言,无论是处于三网融合中的何种新业务,其推出必须在广电总局审批和认可的背景下来进行,而广电总局对于新媒体业务的管理与审批,不仅是对传统广电行业实施的具体保护措施,而且也是限制广电全媒体发展的侧面体现
产业链复杂	广电全媒体发展与三网融合有着密切关系,除了与本行业有着紧密联系外,也与电信和互联网行业息息相关,这也决定了其产业链构成复杂化和参与主体多元化的特性。在三网融合不断推进的背景下,我国广电也在逐步向开放化迈进,其产业环境必将越来越复杂;传统广电需要以新的网络传播渠道的拓展与探索作为主要侧重点,而新媒体也将把传统电视终端的涉及作为主要方向,从而与传统阵地展开争夺

(三)以业务组织结构层面为基础的特征

以业务组织结构层面为基础的特征主要包括以下几方面(表9-4)。

表9-4　以业务组织结构层面为基础的特征

业务组织结构层面	特征	具体内容
业务结构	制播合一到制播分离	据了解,传统广电媒体主要是以播出渠道为依据来形成业务结构,且所有业务对具有特殊独立性的生产播出单位频道和频率依赖性较强,制作和播出同时进行,并借助制作来为后续的播出奠定基础并服务。而广电全媒体业务结构主要是以功能作为参考和依据的,将制作、

业务组织结构层面	特征	具体内容
业务结构	制播合一到制播分离	播出和营销等环节分离开来,每个业务模块之间都客观存在着上游和下游之间的关系,且每个业务独立发展。以全媒体业务和流程为基础,广电全媒体业务结构也可以划分出以内容生产、集成播控以及媒体营销为主的三个层次,在此背景下,也推动了融合生产平台、全媒体集成播控平台和全媒体营销平台的建立,这三个平台也是全媒体业务结构的核心所在
组织结构	垂直化到扁平化	传统广电媒体组织形态主要有中心制和频道制两种分类。中心制简单来讲就是基于职能划分实施的垂直管理体制,并围绕不同职能建立起了相应的中心,且在各个中心职能相互配合的背景下,共同为电视台总体发展目标的实现贡献力量。20 世纪 90 年代以来,我国广电媒体实现了向频道制的有效过渡。也正是受到频道制的影响,频道的生存和竞争意识得到了充分的强化,其独立意识的强化也逐渐突出。资源主要以频道为依托从而为单位提供了配置服务,且处于各个频道间的资源又互为独立而存在。伴随着广电媒体向全媒体转变,其业务结构和媒体组织结构也发生了较为显著的变化。如果用垂直化来总结传统广电媒体组织结构,那么广电全媒体组织结构则存在明显的扁平化特性。其与三大业务平台是相互对应的,所以广电全媒体的组织结构主要可以细分为内容生产中心、集成播控中心和营销运营中心

二、我国传统广播电视与新媒体融合发展的模式

我国传统广播电视与新媒体融合发展的模式如表 9-5 所示。

表 9-5　我国传统广播电视与新媒体融合发展的模式

模式	具体内容
台网合一模式：融合式全媒体	广电全媒体从本质来讲就是台网融合的问题。融合式全媒体旨在以"台网合一"为载体来推动媒介融合的快速实现。据了解,现阶段部分广播电视在"融合新闻中心"等方面进行了积极探索,这都属于融合式全媒体的发展模式范畴。融合式全媒体推动了传统广播电视由以往的单一媒体逐步向多种媒体复合方向的转变。在此背景下,就需要以内容生产流程作为着手点对其进行重新建构,以生产流程改造以及多媒体平台的有效运营等为载体,以此推动了特定内容在不同载体终端分发这一目的的实现。融合式的全媒体不仅给传统广播电视媒体时效性和功能性提供了重要的补充作用,而且信息传播过程中的价值增值也会逐步提升
台网分离模式：扩张式全媒体	台网分离模式简单来讲就是在保持传统广播电视媒体现有体系和结构的背景下,对母体存在的各类资源予以充分运用,广播电视媒体以市场规律和媒介特性为依据进行独立发展,且网台能够相互独立进行运营,以此建构起以传统媒体和新媒体共同存在并发展的格局。在此背景下,广电全媒体呈现出的是一种以扩张式为主的发展态势。扩张式全媒体是以现有业务流程和内容体系为基础,对局部内容予以的创新过程,它可以避免对现有内容生产流程的更改,所以对传统广播电视媒体来讲其影响也相对较小,这也是传统广播电视媒体最具现实性的一种选择
联合发展模式：联合式全媒体	传统广播电视的全媒体实现需要依托丰富的资源,但是据了解,我国许多城市级的广播电视媒体无论是资金资源还是人才资源方面相对来讲都较为缺乏,所以对于城市级的广电媒体来讲,联合发展全媒体是其中较为现实与可行的道路。联合发展模式从本质来讲也属于网台分立发展的一种具体形式,在保留传统"台"现有格局的同时,针对新媒体业务为实施的联合活动,并借助技术平台共享、人才共享等资源,逐步形成的具有显著优势的规模,并共同发展

续表

模式	具体内容
终端创新模式：应用式全媒体	终端创新模式简单来说就是以传统广播电视的传播渠道为基础,借助终端创新实现对多种传播介质边界的有效突破,并以其他渠道和介质为面向予以的扩张活动,以此达到传播多渠道、多层次和全覆盖的目的。随着传播技术的不断发展,信息传播渠道互联互通成为其主要的发展趋势。当前社会处于媒介融合的时代,基于此背景下的受众注意力也极易受到外部影响而出现分化的现象。所以从传统媒体角度来讲,要着重探索突破固有传播渠道和终端的有效方式,从而为具有多渠道、多终端的互通互动的实现提供重要保障。伴随着科学技术的快速发展,传统广播电视内容向多渠道发展也成为趋势,传统广电媒体内容也充分借助了传播技术逐步向其他渠道所延伸和迈进。从总体角度来讲,基于终端进行创新的全媒体模式是以固有广播电视体系价值增量为基础的,但是从本质而言其并没有深入到传统媒体体制和结构内部,因此这也是其并不能实现规模和质量倍增效果的重要因素

第十章　新时期传统广播电视与新媒体融合发展的困境及策略研究

纵观我国传统广播电视与新媒体融合发展过程可以看出,其中存在着多种发展困境。对其原因予以探究可以得知,不仅有宏观战略层面的因素,而且也有微观战术层面的因素,既囊括着行业性因素,又具有传统广播电视机构自身因素,需要传统广播电视加以重视。本章即对新时期传统广播电视与新媒体融合发展的困境与策略进行研究。

第一节　新时期传统广播电视与新媒体融合发展的困境

一、新时期传统广播电视与新媒体融合发展遇到的困境

传统广播电视与新媒体融合发展的困境主要囊括生存困境、体制困境、资源困境和文化困境。这些困境的存在对于我国传统广播电视和新媒体融合发展来讲既具有不可规避的特性,同时也是不容忽视的重要内容。

(一)生存困境

网络媒体的逐步发展不仅给人们接触媒体的习惯带来了直接影响,而且媒体使用习惯也发生了更改。一旦人们对新媒体双向互动等传播方式和特征习惯后,那么他们对于传统媒体以单向传播为主的传播方式就会存在不适应性,这也给传统广播电视生存带来了危机。在此背景下,广告商为了获取自身利益,也转变了自身的营销方式,多媒体组合营

销的方式是其最常应用的营销手段。在传统广播电视的自身生存与发展过程中,网络新媒体对其影响和冲击较大,所以传统广播电视想要使自身获得更好的竞争优势,就要认清当前形势,将全媒体作为自身转型的主要方向,加大对新媒体形态的探索与发展,从而更加契合用户当前的个性化和多元化需求。

(二)文化困境

在传统广播电视与新媒体融合过程中,媒介文化差异是不可规避的问题。客观来说,传统媒体文化具有一定的保守性特征,而新媒体则具有自由与开放的特征。也正是基于体制和传统差异的存在,使得融合过程中不断出现文化冲突,这也是当前决定融合成败的重要因素。

(三)资源困境

从市场主体角度为立足点来说,资源短缺问题历来是一个永恒的话题,短缺主要通过以下两点来体现:

第一,是现有资源与需求资源间的不匹配。

第二,是所需求资源相对不足的问题。

然而,无论属于何种资源缺乏类型,都是限制发展的重要因素,会对发展产生不利影响。

传统广播电视资源困境主要通过以下两个方面得以体现:

第一,需求资源与现有资源间的不匹配。传统广播电视拥有着集人力、内容、设备等为一体的多种资源。然而这些资源都是以传统媒体时代为背景下逐步积累与形成的资源类型,随着社会不断进步与发展,其并不能实现向新媒体时代的延伸,这就导致传统广播电视向全媒体转型过程非常困难。

第二,在发展新媒体过程中没有相应的资源做支撑。新媒体得以成功不仅是其对市场机遇把握的体现,同时也是领先的技术资源和社会资本融合的体现。而传统广播电视既不具备先进的技术资源,其资本实力也稍有不足。所以资源困境将是广播电视向全媒体转型与发展过程中最为关键且具有长期性的问题。

二、新时期传统广播电视与新媒体融合发展遇到困境的原因分析

(一)行业结构分散性特征显著

"四级办"是对广电行业内部结构进行的整体概括。自 20 世纪 80 年代以来,我国广播电视系统的体系架构逐步形成,其对调动地方积极性和主动性大有裨益,但这也是导致广播电视被分割局面的重要因素。四级办台要主动适应四级党委政府,四级办传统广播电视从本质来讲就是以行政为切入点实行的地域上的区分,所以在区分过程中,市场也自然而然地归入划分列表当中,这也推动了我国广播电视当前封闭性竞争关系和行政化、分散化的市场结构。然而具有封闭性和垄断性的行业环境以及分散特征显著的市场结构对于传统广播电视向全媒体方向的转型与迈进是不利的,其主要体现在以下几方面:

1. 各地域的广播电视机构市场规模并不大,实力也亟待提升

以多数城市级广播电视机构来讲,其不仅没有多余精力来着重发展新媒体业务,而且其市场影响力的形成也无法得到保障。即使广播电视机构具备了发展全媒体的能力,但是由于受到其发展格局的影响,使得建设过程中低水平、重复性特征凸显,这也会使得资源无法得到最大化运用。

2. 各地区的传统电视网络虽然分散但却相对闭塞,在应用的技术标准方面也会有所差异

广播电视网络一般是由所在地来承担建设和运营的,这就使得所处地区不同网络技术标准无法实现统一,在此背景下有线网的双向化和数字化改造进度也会存在明显的不同,广播电视网络规模无法达成。

3. 构成广播电视行业的内部主体具有多样化特点,且所处地域存在差别,在协调利益的过程中也具有较大难度

在三网融合背景下,各地域广播电视的利益诉求也会存在明显区别,争夺资源的现象屡见不鲜。同时,运营管理格局主要以割据式为主,

使得基于中央和地方之间、地方广电之间的协调工作的开展存在较高难度,运作成本也会得到提升。

(二)双重属性的矛盾与限制

我国媒体经营具有政治性和市场性的双重属性,也正是由于其定位的双重属性,使得传统广播电视从以往固有的政治工具中得到解放,并深入到市场当中,这也为广播电视的发展与成长提供了重要的机遇。但是在市场经济环境背景下,双重定位的属性已成为制约传统广播电视发展的重要因素。

(三)体制机制行政化

从现实角度来说,我国广播电视媒体无论是体制还是机制其行政化色彩浓郁,这与市场要求存在明显区别。从历史为立足点来说,传统广播电视是对以往行政事业单位的脱离,所以这也是导致其体制机制行政化的重要因素,传统广播电视向全媒体转型迈进的过程中,以往固有的事业性体制机制的延续是必经之路,但是以客观角度对其审视,这种已明显落后的体制机制并不能契合市场竞争和开放市场环境,领导机制和分配机制是其主要体现的方面。

以领导方面来讲,首先,传统广播电视其管理者主要是以公务员标准为参照选出的标准化的管理干部人员,这与市场本身就出现了一定的脱离性。其次,由于受到领导干部轮岗和调动等方面的影响,传统广播电视领导者其工作地点并不稳定。所以领导缺乏稳定性和确定性是其决策具有短期效应的重要因素,同时也缺乏明确的方向感。最后,传统广播电视领导者所具有的观念、智慧以及视野等都对媒体发展方向起到了重要影响和引导作用。现实生活中,传统广播电视领导者的思想依然停留在传统媒体模式上,产品意识不强是其普遍存在的问题。

从分配角度来讲,传统媒体在进行分配过程中,行政级别和身份是重要依据和参考,甚至同工同酬也会受到影响而不能实现。从管理干部角度来讲,行政级别的不同是导致收入存在差别的重要因素。从员工角度来谈,事业编制、企业编制以及雇员等身份都会是造成收入存在差距的特定因素。这种过于僵硬化的分配机制还向广电新媒体领域有所拓展。在广电新媒体这一企业背景下,碍于员工身份不同等因素,通常都会采取一定的区别对待制度,这也是企业缺乏公平公正工作氛围的重要因素。

(四)媒体运营理念滞后

随着新媒体的快速崛起,一些具有实力的传统广播电视机构也将全媒体作为了重要的发展方向和企业战略,但是其对于全媒体的内涵和外延的理解基本停留在"全"这一表面。有的广播电视机构认为,实现全媒体就是要加大对多媒体或全媒体报道力度。然而此种方式并未在业务流程和平台上落实全媒体化,基本停留在网台互动运作阶段。还有的人认为,我国范围内的全媒体浪潮简单来讲就是电视媒体和新媒体的融合,但是其本质是多元化的渠道特征,旨在帮助收获最大化利益,主要依托的手段就是将其他渠道向电视化所发展。从实践角度来说,近年来多个在全媒体领域进行的努力与探索取得的效果都非常小,这是因为在开展全媒体的过程中依然沿用以往传统的思维来进行,意在将全媒体纳入广播电视体系当中,将新媒体实现电视化,虽然其声势浩大,但是从其市场影响力和号召力方面来讲,其都与民营新媒体存在较大差距。

(五)不具备有效的盈利模式

在全媒体时代背景下,传统广播电视以终端用户需求的差异化为依据,不断推出了以付费点播套餐服务等为主的消费方式。但是,从实践角度来讲,传统广播电视的新媒体业务其盈利模式依旧不够成熟,具有多元化特征的收入格局也无法形成。现有的多数传统广播电视新媒体依然沿用传统的依托广告来获得盈利的模式。加之市场规模存在一定的局限性,这种较为传统的广告模式并不能对其发展产生强大的支撑作用。就现阶段广播电视新媒体发展情况来讲,其新媒体市场表现缺乏明确性,从整体角度来看依然处于资金大量投入的烧钱阶段。虽然全国各地的广播电视台都将新媒体作为了首要关注的内容,并为未来提供了明确的方向与布局,但是由于新媒体具有耗费资源等特征,使得其回报具有长期性,所以各地区广播电视台在实际资源投入方面也会有所顾忌。

数字时代的来临给大数据精确统计提供了可能,采取什么方式完成广受市场认可、具有简洁性和高效性的传播效果衡量标准是广播电视全媒体获得盈利,提升其营利水平的关键所在。据了解,传统广播电视在对其传播效果予以评价的过程中主要将收视率和满意度两者作为了主要衡量标准。然而,伴随着电视和新媒体融合发展等新形势的到来,上述衡量标准不能使全媒体具有的影响力得以全部呈现。广播电视全媒体也没有相对成熟且广受认可的传播效果评估体系做支撑,这些都会对其盈利模式建立产生一定的制约作用。

(六)缺乏关键核心资源

这里所说的缺乏关键核心资源主要包括以下几方面(表 10-1)。

表 10-1 缺乏关键核心资源

核心资源	具体内容
品牌资源	借助品牌延伸这一载体,可以使得广播电视全媒体借助传统广播电视媒体具有的品牌影响力收获市场,提升用户的认可度。但是,我国广播电视全媒体其品牌延伸过程中还存在以下制约其顺利进行的重要因素和障碍。 第一,就我国传统广播电视媒体来讲,其品牌自身的市场影响力并不大,一些省级的广播电视媒体和许多地级市的广播电视媒体,并不能对其形成强有力的支撑。 第二,由于传统广播电视媒体地域性特征显著,这也使得其品牌影响力具有的地域属性得以凸显。而具有地域特性的品牌并不能作为支撑广播电视全媒体运营的中坚力量。在此背景下,部分广电媒体在创办其新媒体的过程中通常都会采取避免延续母品牌的方式,创立新品牌成为其首选
技术资源	广播电视全媒体发展过程中其技术力量较为薄弱,依托技术创新这一路径,不仅可以给用户提供新的业务与产品,而且服务形式也会更新颖。广播电视媒体得以发展的重要依托就是技术,但是此方面的技术仅仅停留在单向传播领域,在新媒体双向传播领域并未涉及。广播电视全媒体获得发展的关键就在于除了现有的单向传播技术外,还需要具有以互联网为背景的双向型的互动传播技术和以IP网络为基础的应用性技术创新。但是如果从网络传播领域这一层面来讲,广播电视不占据任何技术优势,这也是其与其他传统媒体相同的地方

核心资源	具体内容
资本资源	从资本角度来讲,新媒体资本运营方面较为顺利,而基于资本市场背景下的传统广播电视媒体却面临着多层障碍。反观这个时期下的传统媒体可以看出,我国针对传统媒体融资予以了严格的政策限制,社会资本想要进入媒体领域中必须承担起相应的政策风险。所以,传统广播电视在发展全媒体过程中通常都是以自生方式为载体来推动新媒体发展的,其支撑资金也是依托业内范围的自我循环来获得的。据了解,从创新融资角度来讲,我国传统广播电视媒体的难度要远远大于新媒体,一方面其依靠渠道获得融资的方式较为单一,另一方面其进行创新的资金大部分都是以自身为主体来筹集的,仅仅有一小部分是来自于银行贷款。而新媒体获得资金的渠道多种多样,采取何种方式实现对风险投资的引进,以此来进行多样化社会资本的整合是现阶段广播电视全媒体获得发展的一个需要着重解决的问题
人才资源	目前,传统广播电视其人才优势主要可以通过内容生产等方面得以体现,但是从全媒体采编、分发以及后续营销和运营过程中依然存在较为明显的人才空缺。另外,传统广播电视体制对广播电视有着制约和束缚的作用,加之新媒体在近年来的快速发展的态势,都使得传统广播电视人才资源逐步向新媒体领域有所转移。对人才流向予以审视可以发现,原本处于传统媒体领域内的人才逐渐向网络新媒体的流入是当前不可忽视且较为常见的行业现象,跳槽事件时有发生。我们经常可以听到或看到传统媒体精英人才向新媒体领域发展的新闻内容和消息,但是从新媒体领域向传统领域转型发展的情况却鲜有发生,正是上述这些传统媒体精英人才的流向,向我们清晰展示了当下媒体发展的主要趋势

核心资源	具体内容
内容资源	传统广播电视资源的优势就在于内容资源,然而,由于其在管理和版权意识方面的疏忽与淡薄,给网络新媒体借助极低成本的方式整合传统媒体内容提供了契机,新型的内容和服务平台也因此得以建立与创造,其也收获了大批忠实用户,在此背景下,传统媒体仅仅作为一种服务于新媒体,并向其提供内容的服务者和提供者而存在。随着新媒体的迅速发展,使得多家传统广播电视媒体对自身版权给予了高度重视,并借助法律武器来对自身版权利益进行捍卫,在此背景下,版权管理也朝着规范化方向发展。以深圳广电集团为例,其对于内容网络版权这一方面的内容,均交由旗下新媒体公司来负责,并以集团为范围成立起了相应的法律部门,从而使集团的版权利益能够得到有效的保护

第二节　新时期传统广播电视与新媒体融合发展的策略

一、正确处理好几种关系

目前,全媒体形式成为传统广电媒体新的发展方向和趋势,在转型的实践过程中,广电媒体要积极探索新的方法去处理发展道路上可能遇到的各种关系。概括来说,这些关系包括以下几种。

(一)线性传播和互动传播的关系

传统的广电媒体是点对面、单向的新型传播,传播者对传播具有绝对的控制权,而广大的受众只能是被动的接收信息。随着网络信息技术的发展和普及,互联网改变了传统的传播模式,实现了点对点的双向互动模式。如今,社会上流行这样一种看法,认为互联网的双向互动传播模式已经成为时代的主流,而传统的广电媒体即将被这种新型的传播模式所取代,逐步走向消亡。对于这种看法,既有其合理性,也有一定的主观臆断片面性。从实践中我们可以看到,人们对媒体信息的需求是多样的,有传统广电媒体传播的需求,也有对新型双向互动传播的需求,这两者并不存在明显的矛盾,两者之间是有益的补充关系。广电全媒体实现了线性传播和互动传播的有效融合,但是它们两者互不干扰,各自发挥作用,共同组成了广电全媒体的传播格局。

(二)"专"和"全"的关系

面对新的生存环境,只有积极地转变自己,提升自己的适应能力,才能在这个新环境中得到发展和成长。

第一,可以尝试"专"的发展路径。这种发展路径主要侧重的是内容的生产,只要有了高品质的内容,就会产生高价值,就会有生存和发展的空间。

其二,可以尝试"全"的发展路径。这种发展路径就是采用"内容＋渠道"的发展模式,更侧重渠道。全媒体就是在内容生产和传播渠道上做好改革创新的切入,积极构建内容融合的生产机制并大力拓展传播渠道,最终形成全媒体的信息传播集散中心。

需要注意的一点是,全媒体追求的目标并不包含媒体形态上的全面。因为单纯地追求媒体形态上的全面既存在较大的难度,也没有多大意义。仅仅依靠拓展媒体渠道和终端的数量,并不能判断出全媒体转型的实际效果,这主要看这些渠道和终端是否真正地实现了融合传播,是否提升了媒体的影响力和经济效益。为了适应新的发展环境,提升自身的竞争能力,传统媒体积极构建全媒体的模式,主要还是希望在与互联网媒体的充分融合中切实提升媒体传播的档次和效率。

(三)跨媒体和全媒体的关系

一般来讲,全媒体只是传统媒体与网络媒体的有机融合,并不属于多种媒体形态的协作。将跨媒体看作是全媒体的做法是错误的,忽略了两者之间的差别。随着社会的发展,信息技术和通信技术都得到了快速的发展并被广泛地应用于社会的各个领域,在此背景下,"多媒体""跨媒体"等媒体形式应运而生,并在发展的过程中催生出了全媒体的形式。全媒体和跨媒体、多媒体之间既有联系又有区别。全媒体注重的是多种媒体之间的有效融合,跨媒体注重的是各种媒体形态间的协作传播,而多媒体侧重的是多种信息形态的叠加表达。全媒体可以说成是多种媒体类型的综合体;多媒体属于多种类型媒体的大融合,突出反映的是各种媒体类型间的协作与互动。从客观上来看,全媒体是一种运作的模式和策略,经过多种渠道的融合,建立起开放的信息传播平台,为用户获取信息和服务提供了极大的便利性。

(四)内容和渠道的关系

传统的广电媒体既是内容上的提供商,也是渠道上的服务商,所以其采用的是"内容+渠道"的发展模式。在传统广电媒体时代,媒体需要对传播内容进行采集和加工制作,再经过相关渠道进行广泛的传播。在数字媒体时代,出现了一些新的发展变化,产业链出现了分化的趋势,内容和渠道相分离,随之形成了内容生产商和渠道提供商,随之而来的就是内容和渠道互相选择的问题。内容和渠道具有不同的追求目标,内容的追求目标是最大的覆盖率和最多的受众人数,通过有效的传播,受众人数越多,其传播的内容价值就越大;渠道追求的是渠道上的市场价值和影响力,渠道的使用者越多,渠道的价值越大。

侧重内容的广电全媒体的发展模式,侧重内容传播价值,由专业的内容提供商打造优质的内容和业务,不单纯地在自己的渠道进行传播,还可以在其他优势渠道进行传播,最大限度地实现全媒体的传播,获得最优的传播效果和最大的经济效益。而侧重渠道的广电全媒体,注重渠道的传统价值,作为专业的平台提供商,通过各种新媒体的建设、维护及营销,成就平台的巨大影响力。对于广电媒体的发展而言,虽然还有发展侧重上的分歧,但是内容和渠道始终是不可以彻底分开的。内容制作上需要以质量为主,以制作出大量的优质内容为发展目标。而从渠道的发展来看,要积极拓宽媒介的发展渠道,注重集约化的生产,探索多种途径,使得传播渠道的影响力和市场价值能够不断地提升。

(五)"合力"和"活力"的关系

我国广电媒体的发展经营比较注重"统"和"分"相结合的方式。这里的"统"突出合力,而"分"突出的是活力。在实践中,传统媒体向全媒体转型,却遇到了严重的"合力"与"活力"的问题。

第一，内容上的近似度提升。全媒体的模式打破了众多媒体间的传统做法，就是在传播内容上互不干涉和交流的局面，建立起了内容创作机制，加强了内容上的融合和交流，这就很容易造成各个媒体平台上的信息近似度提升的状况。

第二，降低了媒体间的竞争。广电媒体集团旗下的众多媒体都是经营主体，他们之间存在着激烈的竞争，但在全媒体的模式下，新闻内容被有效融合，并且在集团中实现了共享，集团只参与到了与其他媒介的竞争当中，无形中降低了竞争的压力。

第三，全媒体记者专业化的问题。大多数的全媒体记者都是一人担多职，对新闻进行采集和创作，记者的精力是有限的，难以掌握全面的专业技能，假如承担太多的职务很难保证专业的报道效果和水平。

以上这些问题，使得广电全媒体陷入了争议的旋涡，需要广电全媒体认真面对和解决这些发展过程中出现的新问题。我国广电全媒体的转型发展，需要加深认知，妥善处理好全媒体发展中的各种问题和关系，探索到最适合的发展之路。

二、行业策略

广电行业发展策略不仅对三网融合工作的开展有着较大的影响，而且直接影响到广电全媒体发展的成就。概括来说，广电行业发展策略主要与下列问题有关。

（一）构建统一的监管体系

广播电视媒体不仅拥有内容资源方面的优势，而且其在内容制作方面也有着较大的优势，同时广电行业监管机构不仅掌管着内容审查权，还掌管着新媒体牌照发放的权力。电信行业在用户管理系统、双向网络方面有天然的优势，而且该行业在语音业务、网络进入、手机入网等方面同样具有较大的优势。双方的关键业务恰好为对方的弱势之处，双方均在谋求进入对方的关键业务领域，同时也努力维持自己在关键业务领域的绝对优势。上述情况形成了当前电信、广电行业相互制约的形势。由于缺乏统一监管，市场竞争环境的公平性无法获得有效保障。而三网融合工作的持续开展，必然会逐渐削弱甚至消除两大行业间的壁垒，从而实现监智的统一。统一监管的实现,有利于国家利用各种协调性的政策来促进广电、电信行业的利益平衡,并且为了三网融合的实现进行新的产业布局。

(二)加快制播分离

制播分离,其实就是从广播电视媒体中分离出一个拥有市场主体地位的传媒企业,从而使广播电视媒体拥有了参与市场竞争的机会,这种改革方式是在保持广电媒体现有体制的基础上,实现其企业化运作,是应对当前广电传媒体制改革需要的一种有效方式。我国的制播分离只是在电视台的主导之下建立相应的节目制作企业,但是该企业仍旧受到电视台的管理和控制。这种制播分离方式其实也是对广电市场新型运行机制的探索。根据政府相关部门的要求,湖南广电传媒集团开展了制播分离改革,除了新闻类节目外,其他节目的内容生产全部由传媒企业负责,而且该传媒企业属于市场主体,可以跨地区、跨行业、跨国家发展其在市场上的各种业务。制播分离赋予了广播电视媒体通过传媒企业参与市场竞争的机会,有利于提升广电行业的市场化水平,并且促进市场竞争机制的形成。

(三)加快网络改造

网络作为基础性平台资源,已经成为三网融合过程中最为关键的竞争领域,只有掌握了基础性网络平台的主导权,在三网融合过程中才能拥有主动权。

从广电和电信网络的优势、劣势来看,广电网络带宽容量较大,双向互动功能有待提升,而电信网络具备良好的双向互动功能。随着数字化媒体的发展,广电网络开启了有线网络的双向数字化改造。另外,为了推动三网融合工作的开展,并且应对下代电信网络(NGN)带来的挑战,广电开启了下一代广电网(NGB)的建设工作,NGB是广电总局提出的构建下一代广播电视网的计划重点,NCB具有如下特征。

第一,带宽容量大。NGB的带宽容量非常大,根据广电网络的宣传,NGB的骨干带宽达到T级,进入社区可以达到千兆,而进入居民家后,带宽容量可以达到百兆。

第二,单双向融合。即NGB既能够支持单向广播业务的开展,同时还可以支持双向交互广播、点对点双向交互这两种双向互动业务。

第三,全媒体全业务。NGB支持图文视音等全媒体形态,并且可以支持广电推出的广播电视、多媒体通讯、在线游戏等全部业务的开展。

第四,可管可控。NGB的运行是可以进行控制管理的,而且其可信度非常高。为了推动NGB项目的开展,由广电总局牵头,财政部出资40亿,成立了国家广电网络公司,这就代表着广电在原来的数字电视网基础上,又具备了推广高速互联网接入业务的能力。

NGB与NGN一样,都会成为三网融合的基础网络平台,而三网融合工作在此基础上得到了进一步的推动。

(四)实施平台化战略,争取三网融合主导权

互联网的开放性特点使得具备内容生产能力的网络媒体平台,与具有无限需求的用户之间实现对接,从而达到满足双方需求的目的。从行业发展情况来看,互联网通过新型业务模式的开发,对广电、电信行业的核心利益造成了一定的威胁。微信、QQ等网络业务,使得传统电信运营商的通讯业务受到了威胁,并且迫使其逐渐转变为单纯的数据传输管道运营者。广电全媒体的发展,需要依靠平台化战略才能顺利实现,平台化媒体的顺利运营需要合适的规则和机制的约束,信息平台建立之后,将会吸引海量的内容、客户方面的资源,平台的影响力也会随之提升。信息平台属于双边型的市场,一边主要为平台提供的内容和服务,一边则是用户,一边的资源变化会对另一边造成影响。从行业发展的角度来看,随着三网融合工作的开展,广电媒体需要重新构建侧重于平台运营管理的新型运作模式。

第一,广电应当加速NGB的建设工作,通过努力推动基础性网络平台的建设来为自己获得三网融合过程中的更多主动权。

第二,广电媒体还要通过建设信息服务平台的方式,使得传媒市场中的所有内容提供商、服务提供商都要依赖广电建设的相关平台,才能实现与用户之间的对接,使得广电能够掌握应用业务平台的主控权。

三、组织策略

组织策略就是从微观角度来分析广电媒体的自我发展策略。由于

各个广电媒体的实际情况不同,因此广电媒体必须在充分考虑自身现实情况的基础上才能寻找到最佳发展策略。广电媒体发展组织策略主要涉及以下几方面的内容。

(一)强化内容优势

传统广电媒体的优势主要是渠道和内容,但是在传播渠道多样化发展的市场环境下,其渠道优势正在逐渐减小,而内容优势仍旧存在。在这一情况下,广电应当不断提升自身的内容优势,才能在市场竞争的过程中获得一定的地位。强化内容优势,广电可以从两个方面入手。

第一,转变发展模式,将原来以渠道为主的发展模式向以内容为主的发展模式转变,使自己成长为优质内容生产提供者。

第二,将自己打造成内容资源的整合者,利用自己的资源优势,将众多内容提供商的内容集合到一起,并将其进行整合。

全媒体时代,广电应当做好信息推送工作,利用大数据技术、人工智能技术等先进技术,分析用户喜好,并据此向其推送信息,从而实现个性化服务的目标。广电可以向用户提供免费、收费两种模式的内容服务,免费模式的服务对象为大众,具有公共性特点,通过广告、基本收视费作为盈利点。收费模式的服务对象为个人,通过由点至点的内容传播方式,向用户提供定制视频、声频内容,并且以点播费、会员费等作为盈利点。

(二)创新内容生产

传统广电媒体的内容生产主要围绕着频道和栏目发展的需求进行,配套组织结构为垂直型结构,记者、编辑等负责内容生产的工作人员全部属于某个频道或某个栏目,而内容生产单位也是以频道或栏目为基础形成的。这种垂直化的组织结构不利于广电媒体的发展。传统广电媒体的内容生产模式与全媒体发展需求之间存在着一定的矛盾,为了解决这一问题,广电媒体应当对媒体内部的内容生产流程和机制等进行调节,采用新的内容生产、传播模式,这样才能与全媒体的发展需求相适应。全媒体要求广电媒体必须将原来的垂直化组织结构转变为扁平化的组织结构,对内容生产和播出这两个环节进行优化,采用集约化的方式开展这两项工作。生产集约化,就是转变记者在内容生产中的定位,使其成为直接为集团和共享平台服务的内容生产者。记者采集的各种信息内容全部上传到同一平台上进行共享,而各个栏目的编辑人员,根据栏目需要从平台上选择相关内容进行节目制作,制作的节目应当同时能够在电视、电脑、手机、平板等终端设备上播放。在这种新型的内容生产框架下,用户也能够通过全媒体终端的双向互动功能,参加到内容生产当中,用户既能够自己生产内容,也可以对节目制作提出自己的建议。另外,用户在全媒体传播的条件下,可以对播出的内容进行相应的评价,而评价的内容会经由网络传送到内容生产者的手中,内容生产者可以根据用户评价进行相应的内容调整,使得制作的节目更加符合用户的需求。在内容传播阶段,是在集成播控平台的帮助下,采用全媒体手段进行播放,从而使得用户可以在多种不同的终端设备上收听、收看相关的节目内容。用户通过各种智能化终端可以快捷迅速地实现相关的信息接收,同时享受广电媒体为其提供的其他服务。

(三)拓展传播渠道

渠道是进行内容传播的载体,同时也是传统广电媒体非常重要的一种资源。互联网时代,渠道已经由原来的稀缺资源转变为现今的普通资源,随着用户信息接受渠道的多样化发展,传统广电媒体的渠道价值出现了非常明显的下降,传统广电媒体已经不再拥有对信息渠道的绝对控制权。在这一发展形势下,广电媒体如果依旧坚持围绕传统渠道发展,必然会在媒体产业开放程度不断提升的过程中逐渐丧失自己的优势地位,传统广电媒体必须顺应媒体行业的发展形势,通过拓展新型传播渠道,开发新的业务模式等方式来实现全媒体转型。在三网融合工作持续开展的背景下,广电新媒体的数量持续增长,每个广电新媒体都可以成为新的信息传播渠道。因此,传统广播电视媒体应当抓住这一新的市场机会,努力拓展新的传播渠道,并且在新的市场当中占据优势地位。而想要实现这一发展目标,传统广播电视媒体在进行新型传播渠道的拓展时,应当在对渠道特点有充分了解的基础上,根据各个渠道末端用户的特点来进行内容资源的配置,这样才能预防资源浪费,让广电媒体制作的各种内容产品都能收到最好的盈利效果。

(四)实施平台化战略

互联网平台具有高度开放性的特点。以互联网购物平台为例,互联网平台在一定程度上可以划分成凡客式、京东式、淘宝式这三种不同的模式。

1. 凡客式平台

凡客式平台最为典型的代表就是凡客诚品网站,该网站虽然是一家购物网站,但是网站上只经营一个品牌的产品,这种模式的平台,其优势在于具有自身独特的特色,但是这种平台的客户群相对固定,具有小众化的特点,因此平台的影响力难以获得有效提升。

2. 京东式平台

京东式平台的典型代表就是京东商城,其主要业务为家电销售,京东商城不进行任何家电产品的生产,但是商城上聚集了几乎所有品牌的家电产品,京东商城只是为顾客和商家提供了一个便捷的交易平台。这种平台模式的优势在于,将大量同类产品聚集到一起,对于有相关商品需求的用户有着非常大的吸引力,而且用户群体的规模也相对较大,但是平台本身没有任何特色、差异化的产品资源,平台存在被复制的风险。

3. 淘宝式平台

淘宝式平台的典型代表就是淘宝网站,该网站上聚集了各种类型、各种用途的产品,平台本身不从事任何产品生产工作,也不进行任何产品的销售,只是为产品销售方和购买方提供一个虚拟的产品交易场所。这种平台模式最为主要的优势就是吸引了海量用户,用户规模非常大,因此影响力也非常大。

假如以这三种不同模式的购物网站与信息传播平台进行类比,传统媒体网站的特征与凡客式平台类似,网站上发布和传播的各种信息,大多数都是媒体自己制作的内容产品,因此属于自产自销;商业门户网站则是与京东式平台类似,门户网站将各家传统媒体的信息内容集合到一起,为用户提供更加便捷的一站式信息服务,从而吸引更多用户的关注;微博、微信等与淘宝式平台相似,平台运营者本身并不进行信息的生产和传播,但信息传播者可以根据自身特色以及想要吸引的用户群体来决定自己发布何种类型的信息,这些平台使得内容生产和内容消费实现了自由匹配,因此平台的用户规模非常庞大,平台的影响力也非常高。

对于某一具体的传统广播电视媒体来说,必须将传统的渠道模式转变为信息平台模式,这同时也是全媒体时代背景下,用户对信息传播的一大需求,但是如何选择合适的平台模式,需要广播电视媒体结合自身的实际需求进行。

当前广播电视媒体大多都有了自己的新媒体平台,但是从这些平台的运营模式来看,平台本身发布的多数内容均是原创性的,与其他信息平台之间可以明显地区别出来,但是平台的用户数量并不多,因此平台的影响力也相对较小。淘宝式信息平台对技术要求非常高,实质上属于技术类平台,而传统广播电视媒体通常不具备信息平台技术优势,这也就限制了其发展淘宝式平台的行为。结合当前广播电视媒体的实际情况以及优势,广播电视媒体在全媒体转型的过程中可以打造一种结合凡客式和京东式二者优点的新型信息平台模式,使用媒体自产的一些原创内容来打造平台的特色,在此过程中应当注意划分开与其他广电媒体平台的区别,这样才能保持自身独有的特色;同时,平台可以将其他信息平台上的一些优质信息集合到一起,使得用户可以在平台上享受到一站式的信息服务。

(五)紧扣"媒体"属性

在当前信息化时代背景下,大众媒体的影响力正在逐渐上升,并且开始向社会各个角落进行渗透,已经成为能够对社会发展造成影响的一种重要的社会力量,它与各种社会构成因素,包括其中每个人类个体都有非常密切的关系。由于大众媒体具有无与伦比的社会影响力,自然需要承担相应的社会责任,其中最为重要的就是对公共舆论进行正确引导。大众媒体通常拥有规模比较庞大的用户,这就使得大众媒体的运营隐藏着非常大的商业价值,这一点是由媒体的经济属性决定的,而经济属性其实就是其市场属性。广电全媒体创办的新媒体应当始终坚持媒体属性,这不仅是广电全媒体的特征,而且也是其优势所在,同时也是广电全媒体与商业化媒体之间最为明显的区别。紧扣"媒体"属性,需要广电全媒体承担必要的社会责任,正确引导社会舆论,并且努力提升自己的权威性、公正性,使自己具备更高的社会公信力。在广播电视媒体向全媒体转型的过程中积极履行相应的社会责任,应当作为广电全媒体发展过程中的一项重要发展策略。媒体最核心、最关键的资源就是公信力,而公信力的提升要求媒体必须坚持维护社会公共利益,在内容制作、传播的过程中应当始终将社会效益、公共利益放在首位。媒体属性可以使得广电全媒体更加快速地树立自身在社会以及用户当中的影响力,获得社会大众的认可,在此基础上,媒体可以为自己争取更多的政策性、社会性资源。

(六)借势"母体"资源

广电全媒体的母体就是传统广播电视媒体,随着媒体市场竞争愈加激烈,新媒体如果离开了"母体"的支持,其实力必然会出现大幅下降,在与市场化新媒体竞争的过程中将会处于弱势地位。传统广播电视媒体应当从以下几个方面对新媒体提供资源支持。

1. 政策资源

传统广电媒体在自身发展过程中积累了大量的资源,可以将这些政策资源进行转化,使其成为新媒体的资源优势,从而促进其市场竞争力的提升。

2. 资金资源

广电新媒体的发展离不开强力的资金支持,如果离开"母体"的支持,凭其自身的能力很难获得相应的资金维持自身的运营和发展。当然,单纯依靠"母体"的支持不能有效促进新媒体的快速发展,新媒体应当积极通过资本运作的方式,吸引社会资本的加入,从而为自身的发展提供强有力的资金保障。

3. 内容资源

传统广播电视媒体的一大重要优势资源就是自身强大的内容生产能力,而传统广播电视媒体将自身原创的众多优质内容资源传递给广电新媒体,可以使其成为广电新媒体的资源优势。

4.影响力资源

对于那些实行单一品牌策略的广电新媒体平台来说,可以直接利用传统广电媒体的品牌影响力来提升自身的社会影响力,而对于那些实行多品牌战略的广电新媒体,可以充分利用传统广电媒体为自己的品牌进行推广,从而不断提升自身的品牌影响力和社会影响力。

5.人才资源

传统广播电视媒体在长期发展的过程中,积累了大量优秀人才,而广电新媒体可以充分利用"母体"的人才资源来促进自身的发展。需要注意的是,在利用"母体"人才资源时,应当注意人才的环境适应能力,保证这些人才能够适应新媒体平台的发展环境。

(七)体制机制创新

随着市场发展环境的转变,传统广电媒体原来具有的事业单位特点的体制机制的弱点开始显现,传统广电媒体具有事业单位的特点,但是迫于环境要求需要实行企业化管理,而这种体制机制的弊端非常多,随着传媒市场的竞争激烈程度不断提升,体制机制的改革和创新已经成为整个广电行业的共同追求。广电媒体必须配备更加灵活有效的体制机制,才能适应激烈的市场竞争形势,并且在市场竞争中努力提升自身的实力。

当前,中国广电媒体在体制机制方面仍旧有待改进,现有体制机制不利于广电媒体引进社会资金,而且无法吸引优秀的高素质人才加入。因此,广电媒体在全媒体转型的过程中,应当持续推动体制机制的改革创新,这样才能与新媒介市场的发展要求相适应。体制机制的改革创新,不仅有利于广电媒体提升自身的市场竞争能力,而且还能实现与市场的对接,使得广电媒体与市场中的其他新媒体企业获得同样的市场环境和机会,并且在一定程度上促进外部资源的交流。

(八)构筑全媒体优质品牌

媒体的成功程度取决于其影响力的大小,而媒体经营其实就是不断提升其影响力,进而形成媒体品牌。品牌影响力大的媒体,其竞争优势相对较大,同时生命周期也相对较长,因此品牌战略应当成为广电全媒体发展的重点战略。从实际发展情况来看,广电全媒体品牌战略主要包括单一式、多元化这两种。

1. 单一式品牌战略

单一式品牌战略就是广电全媒体围绕一个品牌发展,并且以此品牌为中心,开发各种跨越媒体、媒介的产品,这样可以形成品牌聚合力,并且品牌的影响力也更容易提升。单一品牌战略的实施,通常是延续原来的传统广播电视媒体品牌,使其在自身打造的各个全媒体平台上展现。这种战略模式因为拥有原来的品牌基础,因此比较容易获得市场认可,并且有利于降低全媒体品牌推广的成本。但是,这种战略的实施,需要单一品牌原来就具有比较高的影响力,这样才能帮助全媒体平台有效突破地域限制,并且获得与网络媒体同等的市场地位。

2. 多元化品牌战略

多元化品牌战略就是在全媒体发展的过程中,广电新媒体独立打造属于自己的新品牌,这种方式使得一家广电全媒体拥有多个媒体品牌。多品牌战略的优势在于,有利于明确各个媒体平台的品牌定位,并且做好市场细分,其劣势在于新品牌的成立需要花费一定的资金进行推广,同时需要更长的时间才能获得市场的认可,另外品牌过多也会相应增加管理方面的困难度。

(九)合纵连横,联合发展

中国广电产业的格局相对比较分散,而且具有比较明显的地域特点,其产业形态决定了很难形成规模庞大、实力雄厚的广电媒体机构。在这种产业形势下,广电全媒体转型发展的过程中,有必要打破地域方面的各种限制,通过合纵连横、联合发展的方式来促进广电媒体实力的提升。

第一,网络媒体的全球性特征,使得传统广电媒体的地域性、行政性特征被颠覆。从理论角度来说,在互联网上,全球任何地方的 IP 终端,都能够对互联网上的各种网络媒体进行访问,网络媒体天生具有平等性的特点,因此决定其影响力的是用户访问量,即用户才是帮助网络媒体提升自身地位的主要力量。这就使得广电媒体在全媒体发展的过程中可以利用网络来打破原来的地域、行政级别方面的限制,为其联合发展提供了条件。

第二,联合发展有利于广电媒体提升市场竞争力。单一广电媒体的实力很难满足全媒体发展的资源需求,而且单一广电媒体需要独自面对市场风险。面对着实力强大的电信企业、互联网企业的竞争压力,广电媒体必须联合起来,集合优势资源,共同面对风险,这样才能提升其市场竞争力。

参考文献

[1]吴玉玲.广播电视概论[M].北京:中国传媒大学出版社,2017.

[2]段汴霞.新编广播电视概论[M].开封:河南大学出版社,2009.

[3]张凌彦,高歌.广播电视艺术与新媒体技术发展研究[M].西安:世界图书出版公司,2018.

[4]王海智.融合创新——广播电视媒体发展之道[M].北京:北京邮电大学出版社,2019.

[5]党晓红,向东.新媒体时代传统广播电视和新媒体之间的融合发展[M].石家庄:河北科学技术出版社,2019.

[6]宫承波.媒介融合概论(第二版)[M].北京:中国广播影视出版社,2016.

[7]李秋红.视听未来:新时期中国广播电视发展战略环境研究[M].北京:华艺出版社,2012.

[8]张振华.当代中国广播电视学[M].北京:中国国际广播出版社,2018.

[9]张凤铸,关玲.中国当代广播电视文艺学[M].北京:中国传媒大学出版社,2004.

[10]高洪波.新媒体节目形态[M].开封:河南大学出版社,2013.

[11]杨剑明.广播电视艺术文集[M].上海:上海书店出版社,2011.

[12]高鑫.电视艺术理论[M].北京:中国传媒大学出版社,2012.

[13]陈禹安.新媒体论[M].杭州:杭州出版社,2011.

[14]张燕翔.新媒体艺术[M].北京:科学出版社,2005.

[15]陆地,高菲.新媒体的强制性传播研究[M].北京:人民出版社,2010.

[16]蒲剑.电视文艺传播研究[M].北京:中国传媒大学出版社,2011.

[17]潘瑞芳,谢文睿,钟祥铭.新媒体新说[M].北京:中国广播电视出版社,2014.

［18］林刚.新媒体概论［M］.北京:中国传媒大学出版社,2014.

［19］黎力.广播电视学［M］.上海:上海三联书店,2013.

［20］曾来海.新媒体概论［M］.南京:南京师范大学出版社,2015.

［21］刘爱清,王锋.广播电视概论［M］.北京:中国广播电视出版社,2008.

［22］朱清河.大众传媒公共性研究［M］.北京:中国人民大学出版社,2017.

［23］张凤铸,施旭升.广播电视艺术学通论［M］.北京:中国传媒大学出版社,2011.

［24］欧阳宏生,谭筱玲.广播电视学教程［M］.成都:四川大学出版社,2018.

［25］陈林侠,谭天.广播电视概论［M］.广州:暨南大学出版社,2013.

［26］陈莉.当代广播电视概论［M］.南京:南京师范大学出版社,2010.

［27］任晴芳.新时期加强广播电视与新媒体融合发展研究［D］.南昌大学,2017.

［28］王娇.论媒体融合视野下县级电视台的发展之路［D］.西南大学,2017.

［29］戴立峰.新媒体时代下电视与新媒体融合发展探究［J］.西部广播电视,2017(04).

［30］马州.新媒体时代广播电视发展新路径［J］.中国广播电视学刊,2017(02).

［31］付栋栋.浅析传统电视媒体与新媒体融合创新发展［J］.西部广播电视,2017(01).

［32］武钊.媒体融合视阈下传统广播电视发展路径研究［J］.西部广播电视,2017(07).

［33］黄雨润.全媒体时代电视媒体与新媒体的融合发展［J］.电视技术,2017,41(03).